월호 스님의 계송 명상

월호 스님의 게송 명상

- 아바타가 아미타바 염할 뿐! -

월호 지음

맑은소리
맑은나라

명상이란 '몸과 마음을 관찰하는 것'이다. 게송이란 쉴 게偈, 노래 송頌, 즉 '마음이 쉬는 노래'를 뜻한다. 그러므로 '게송 명상'이란 '게송을 듣고 몸과 마음을 관찰하는 것'이다. 석가세존 당시 대부분의 수행자가 이러한 방식으로 깨달음의 과위果位를 성취했다.

사리자는 어느 날 길거리에서 앗싸지 존자의 범상치 않은 거동을 보고 따라가 묻는다. "당신의 스승은 누구십니까? 또한 그분은 무엇을 설하십니까?"

이에 존자는 "저의 스승은 샤카무니 붓다이십니다. 그분은 이렇게 설하십니다."라고 답하며, 게송을 읊는다.

모든 현상에는 원인이 있다네.
여래께서는 그 원인에 대해 설하신다네.
원인이 소멸한 결과에 대해서도
여래께서는 또한 설하신다네.

사리자는 이 게송을 듣고 수다원과를 얻어 곧바로 출가했다. 출가한 지 보름 만에 다시 부처님께서 설하시는 게송을 듣고 아라한과를 얻었다. 훗날 부처님께서는, '사리자 같은 지혜 제일의 제자도 붓다의 게송을 듣지 못했다면, 수다원과조차 얻지 못했을 것'이라고 말씀하셨다.

급고독장자의 아들 깔라는 용돈을 받으려고 게송을 외우다 그 의미를 터득하여 수다원과를 얻었다. 이에 부처님께서 게송을 읊으셨다.

> 제국의 황제가 되는 것보다
> 천상의 신이 되는 것보다
> 우주의 지배자가 되는 것보다
> 수다원과를 얻는 것이 훨씬 더 값지다.

인생의 목적이 행복이라고 한다면, 진정한 행복은 해탈이다. 황제나 신이나 우주의 지배자가 대단하기는 하지만, 아직 해탈의 기약은 없다. 반면 수다원은 천상과 지상을 일곱 번 왕래하는 동안 해탈하는 '7왕래往來'의 경지다. 사다함은 한번 왕래하는 '1왕래'이며, 아나함은 정거천에 가서 돌아오지 않는 '불래不來'의 경지다. 마지막으로 아라한은 다시 태어나지 않는 '불생不生'의 경지다. 이러한 해탈의 경지는 명상과 게송이 만나야 성취된다.

> 명상은 해탈의 인因이요
> 게송은 해탈의 연緣이다.
> 인도 충실하고 연도 충실해야
> 과果가 충실하다.

석가 세존 가신지 2569년
극락 가이드
월호 합장

목
차

월호 스님의 게송 명상

1장

몸과 마음을 관찰하지 않고, 백년을 사는 것보다
몸과 마음을 관찰하며, 하루를 사는 것이 훨씬 더 값지다.

- 『법구경』

인생의 목적은 해탈이다. 해탈의 인因은 명상이요, 해탈의 연緣은 게송이다. 명상을 하며 게송을 듣거나, 게송을 듣고 명상을 하는 것이 해탈의 지름길이다.

라훌라여, 들숨과 날숨에 대한 마음 챙김을 닦아라.
라훌라여, 들숨과 날숨에 대한 마음 챙김을 닦고 거듭 행하면,
실로 큰 결실과 큰 이익이 있다.
라훌라여, 가부좌를 틀고 상체를 곧추 세우고,
정면에 마음 챙김을 확립하여 앉는다.

마음을 챙기면서 숨을 들이쉬고, 마음을 챙기면서 숨을 내쉰다.
길게 들이쉬면서는 '길게 들이쉰다.'고 꿰뚫어 알고,
길게 내쉬면서는 '길게 내쉰다.'고 꿰뚫어 안다.
짧게 들이쉬면서는 '짧게 들이쉰다.'고 꿰뚫어 알고,
짧게 내쉬면서는 '짧게 내쉰다.'고 꿰뚫어 안다.

- 『긴 라훌라 교계경』

부처님께서 아들 라훌라가 15세가 되자, 가르쳐주신 명상법
이다.

코밑에 마음을 집중하고, 들숨과 날숨을 관찰한다. 그럴 때
마음은 코밑으로 가게 된다. 코밑은 허공이니, 모든 시비분별을
허공에 맡겨버린다.

명상실습
시비분별을 허공에 맡긴다.

허리를 반듯이 펴고, 코 밑에 마음을 집중한다.
들숨에 '들이쉰다.'고 관찰하고, 날숨에 '내쉰다.'고
관찰한다.

대야를 걷어차신 부처님

:
:
:

　어려서 출가한 부처님의 아들 라훌라는 착하고 영리했으나, 장난기가 심하여 작은 거짓말로 사람들을 속이며 즐거워하였다. 예컨대, 장로스님들에게 거짓으로 '부처님께서 찾으신다.'는 등의 장난을 하곤 했다. 부처님은 이 소식을 듣고 라훌라를 불러 세숫대야에 물을 떠오게 하고, 당신의 발을 씻게 한 후 물으셨다.

　"라훌라여, 너는 이 물을 마실 수 있겠느냐?"

　"없습니다. 부처님"

　"왜 그러냐?"

　"발을 씻어 더러워졌기 때문입니다."

　"너도 이 물과 같다. 수행에 힘쓰지 않고, 계행을 지키지 않았다. 탐욕과 분노와 어리석음의 때를 가슴 가득히 안고 있어, 마치 이 물과 같이 더럽혀져 있다."

　다시 세숫대야의 물을 버리게 하신 후, 물으셨다.

"라훌라여, 너는 이 세숫대야에 음식을 담을 수 있겠느냐?"

"없습니다. 부처님"

"왜냐?"

"손발을 씻은 세숫대야이기 때문입니다."

"너도 이 세숫대야와 같다. 사문이면서 거짓말을 하고 마음속에 도를 닦을 뜻이 없으므로, 더러운 물을 담는 그릇과 같다."

말씀이 끝나자, 부처님은 곧바로 대야를 걷어찼다. 대야는 찌그러져 때굴때굴 굴러 갔다. 부처님은 준엄한 얼굴로 꾸짖으셨다.

"너는 사문이면서 행동을 조심하지 않았고, 거짓말을 하여 대중들을 괴롭혔다.

너는 누구에게도 사랑받지 못할 것이다. 지혜로운 이로부터 아낌 받지 못한 채, 깨달음을 얻지 못하고 미혹 속에서 헤매기를 이 대야처럼 할 것이니, 뜻을 가다듬어야 하느니라."

이 법문을 듣고 라훌라는 정신을 바짝 차리고 수행하여 마침내 밀행密行제일의 제자가 되었다.

02. 호흡명상 2 : 들숨·날숨을 관찰하라.

윤회의 시작은 알 수 없다.
그대들이 오랜 세월 윤회하면서 목이 잘려 흘린 피가
사대양의 물보다 훨씬 많다.
이와 같이 오랜 세월을 그대들은 괴로움을 겪었고,
무덤의 숫자를 늘렸다.
이제는 혐오하여 떠나기에 충분하고, 해탈하기에 충분하다.

- 『쌍윳다 니까야』

30명의 왕족 청년들이 귀중품을 훔쳐 달아난 여인을 찾던 중, 나무 밑에 앉아계신 부처님을 발견하고, 혹시 여인을 보았느냐 물었다. 이에 부처님께서 되물으셨다.

"어느 것이 더 소중한가? 도망친 여인을 찾는 것과 자기 자신을 찾는 것 중에"

이에 모두 나무 밑에서 법문을 듣고 출가하게 되었으며, 위의 게송을 듣고 아라한과를 얻었다.

어느 날 부처님께서 제자들에게 물으셨다.
"사람의 목숨이 얼마 동안에 있느냐?"
"며칠 사이에 있습니다."
"그대는 아직 도를 모른다."
다시 한 사문에게 물으셨다.
"사람의 목숨이 얼마 동안에 있느냐?"
"밥 먹는 사이에 있습니다."
"그대도 아직 도를 모른다."
다시 다른 사문에게 물으셨다.
"사람의 목숨이 얼마 동안에 있느냐?"
"숨 쉬는 사이에 있습니다."
"기특하다. 그대가 도를 아는구나."

- 『사십이장경』

목숨은 한 호흡 간에 있으니, 우리는 모두 시한부인생이다. 백 퍼센트 침몰하는 배 안에서 행복을 추구할 것인가? 해탈을 추구할 것인가?

명상실습
시비분별을 허공에 맡긴다.

허리를 반듯이 펴고 코 밑에 마음을 집중한다.
들숨에 '들이쉰다.'고 관찰하고, 날숨에 '내쉰다.'고 관찰한다.

제 아들이 달라졌어요.

. . .

홀륭한 재가신도였던 급고독장자의 아들 깔라는 부처님이 자기 집에 오실 때 멀리 가 있거나, 집 안에 숨는 버릇이 있었다. 장자는 아들이 이런 습관을 고치지 않는다면, 다음 생에는 반드시 낮은 세계에 태어남을 면하기 어려우리라 생각했다. 그래서 그는 돈으로 아들의 마음을 움직여보기로 했다.

장자는 아들에게 만약 부처님 설법하시는 곳에 가서 하룻밤을 새고 오면, 백 냥의 돈을 주겠다고 약속했다. 그래서 깔라는 제따와나 수도원에 가게 되었는데, 법문은 듣지 않고 그저 시간만 보내다 오는 것이었다.

다음날 장자는 아들에게 부처님으로부터 게송을 배워 외우면, 일천 냥의 돈을 주겠다고 약속했다. 그래서 깔라는 수도원에 가서 부처님께 배움을 청했다. 부처님께서는 깔라에게 짧은 게송을 가르쳐주시는 한편, 강한 의지를 보내어 그 게송을 외울 수 없도록 만드셨다. 깔라는 밤새 게송을 외우려고 애썼지만 외울 수가 없었고, 그 대신 게송의 의미를 깨우치게 되었다. 그렇게 일념삼매를 이루어 마침내 수다원과를 성취했다.

다음날 아침 일찍, 깔라는 부처님과 비구들을 따라 자기 집에 도착했다. 장자는 부처님께 공양을 올리고, 아들에게 천 냥을 주려하였다. 그러자 놀랍게도 아들은 그 돈을 부끄러이 여기며 받지 않는 것이었다. 장자는 거듭 권했지만, 깔라는 아주 겸손한 태도로 돈 받기를 거절했다. 이를 본 장자는 부처님께 사뢰었다.

"부처님이시여! 제 아들이 달라졌습니다. 어제는 돈을 당장 주지 않으면 밥을 먹지 않겠다던 녀석이 오늘은 돈을 주어도 받으려 하지 않습니다."

이에 부처님께서 말씀하셨다.

"그대의 아들 깔라는 이제 전륜성왕이나 천상의 신이나 범천왕보다 더 큰 보배를 갖게 되었느니라."

제국의 황제가 되는 것보다
천상의 신이 되는 것보다
우주의 지배자가 되는 것보다
수다원과를 얻는 것이 훨씬 더 값지다.

-『법구경 이야기』

아바타가 아미타바 염할 뿐!

부처님께서는, 공양을 받을 만한 분이시며
바르게 모두 아는 분이시며, 지혜와 실천을 구족하신 분이시며
피안으로 잘 가신 분이시며, 세상을 잘 아는 분이시며
가장 높은 분이시며, 사람을 잘 길들이는 분이시며
신과 인간의 스승이시며, 깨달으신 분이시며,
가장 존귀한 분이시다.

우리는 진실로 삼보를 위해 출가합니다.
이 진실의 맹세에 의한 초월적인 힘으로
이 물이 땅이 되어 지이다.

- 『법구경』

이 게송은 '삼보에 대한 명상' 가운데 첫 번째, '붓다에 대한 명상'이다. 왕위를 버리고 출가한 마하갑삔나 장로가 이 명상을 하니, 강물이 땅으로 변하여 천 명의 신하들과 함께 말을 탄 채 물위를 건널 수 있었다.

늘 깨어있는 고따마의 제자들은 밤이나 낮이나 항상
붓다에 대해 명상한다.
늘 깨어있는 고따마의 제자들은 밤이나 낮이나 항상
법에 대해 명상한다.
늘 깨어있는 고따마의 제자들은 밤이나 낮이나 항상
승가에 대해 명상한다.
늘 깨어있는 고따마의 제자들은 밤이나 낮이나 항상
몸에 대해 명상한다.
늘 깨어있는 고따마의 제자들은 밤이나 낮이나 항상
자비심을 즐거워한다.
늘 깨어있는 고따마의 제자들은 밤이나 낮이나 항상
마음공부를 즐거워한다.

- 『법구경』

단지 '부처님께 귀의합니다.'라는 말만 해도 모든 위험에서
벗어날 수 있으며, 여섯 가지 방법으로 마음 집중한다면 어떤 위험
에서도 자기를 보호할 수 있다.

🧘 명상실습
붓다의 호념護念을 받는다.

여래께서는 응공 · 정변지 · 명행족 · 선서 · 세간해 ·
무상사 · 조어장부 · 천인사 · 불 · 세존이시다. 저는 진실
로 부처님께 귀의합니다.
이 진실의 맹세에 의한 초월적인 힘으로 붓다의 호념護念
을 받기를!

강물을 땅으로 바꾸는 기적

．
．
．

　마하갑삔나는 한 나라의 왕이었다. 어느 날 왕은 일천 명의 관리들을 거느리고 공원에서 산책을 하고 있었다. 이때 왕은 사왓띠에서 온 상인들을 통해 부처님과 가르침 그리고 승단, 즉 삼보三寶의 출현을 알게 되었다. 황홀감에 휩싸인 왕은 신하들을 둘러보고 말했다.

　"나는 다시 왕궁으로 돌아가지 않을 것이다. 부처님을 만나 뵙고 비구가 되리라."

　"폐하, 우리도 함께 비구가 되겠습니다."

　그리하여 왕은 천 명의 신하들과 함께 부처님 계신 곳으로 향하였다. 도중에 나룻배와 뗏목조차 없는 큰 강에 도착한 왕은 엄숙하게 합장하고 이렇게 선언했다.

　"우리는 진실로 삼보를 위해 출가합니다. 이 진실의 맹세에 의한 초월적인 힘으로 이 물이 땅으로 될지어다."

　왕과 신하들은 이렇게 삼보의 공덕을 생각하고, '붓다에 대한 명상佛隨念'을 하면서 말을 타고 강물 위로 올라섰다. 말들은 강물 위를 마치 평평한 바위 위를 달리듯이 발굽조차 젖지 않고 달려갔다. 이렇게 강을 건너 계속 나아가자, 또 다른 강이 나타났다. 앞서처럼 진실의 맹세를 하고 '담마에 대한 명상法隨念'을 하며 건너가자, 세 번째 강이 나타났다. 다시 진실의 맹세를 하고 '승가에 대한 명상僧隨念'을 하면서 강을 건너 출가했다.

부처님께서는 마하깝삔나 왕을 만나러 백이십 요자나를 가서 차제법문을 통해 왕을 아나함과에 이르도록 하고 신하들 천 명은 수다원에 이르게 하셨다.

나중에 왕을 따라 출가한 왕비와 신하들의 아내가 도착해서 '부처님이시여, 왕을 보신 적이 있습니까?' 라고 여쭈었을 때, 부처님께서는 '왕을 찾는 것이 낫겠는가, 아니면 자기 자신을 찾는 것이 낫겠는가?' 라고 물으셨다. 왕비가 '부처님이시여, 자기 자신을 찾는 것이 더 낫습니다.' 라고 대답하자, 부처님께서는 법문하셨다.

이 법문 끝에 왕비와 천 명의 아내들은 수다원과를 성취하였으며, 신하들은 아나함과에 이르렀고, 왕은 아라한이 되었다.

- 『법구경 이야기』

아바타가 아미타바 염할 뿐!

04. 붓다에 대한 명상 2 : 붓다에게 귀의하라.

여기에서 서쪽으로 십만 억의 불국토를 지나가서 극락세계 있느니라. 그곳에는 '아미따바' 계시어서 현재 설법 하시니라. 그 세계를 어찌하여 극락이라 부르는가? 그 나라의 중생들은 고통이란 일체 없고, 다만 모든 즐거움만 받으므로 극락이라 하느니라.

그 부처님 어찌하여 '아미따바' 명호로서 부르는 줄 알겠느냐? 그 부처님 대광명이 한량없어 시방세계 비추어도 걸림 없기 때문이다. 그 부처님 수명이나 중생들의 수명 또한 한량없고 끝이 없어 아승지겁인 까닭에 그 이름을 '아미따바' 명호로서 부르니라.

- 『아미타경』

'아미따바'는 무량광명을 뜻한다. 아미따바 대광명은 가장 높고 뛰어나서 다른 부처 광명으로 미치지를 못하나니, 백 천 만억 불국토를 비춘다. 중생들이 이런 광명 만난다면, 탐욕 · 성냄 · 어리석음 사라지고, 몸과 마음 부드럽고 경쾌하여 착한 마음 일어난다. 삼악도의 중생들도 이 광명을 보게 되면 휴식 얻어 고통 없고, 명 다한 뒤 해탈을 얻게 된다.

'아미따바' 이름 듣고 기뻐하며 단 한 번만 염念하여도 큰 이익을 얻게 되니, 위가 없는 큰 공덕을 갖추노라. 설혹 큰불 삼천 대천 세계 중에 가득해도, 불을 뚫고 지나가서 이 경전을 듣고 믿어 기뻐하며 독송하고 수행해야 하느니라.

먼 미래에 이 세상에 불법 또한 사라져도, 중생들을 슬피 여겨 자비로써 이 경전은 백 년 동안 더 머물게 할 것이니, 경전 만난 모든 중생 원하는 바 얻으리라. 이 경전을 듣고 믿어 기뻐하며 지니기는 어렵나니, 이보다 더 어려운 일 없느니라.

- 『무량수경』

🧘 명상실습

붓다의 호념을 받는다.

여래께서는 응공 · 정변지 · 명행족 · 선서 · 세간해 · 무상사 · 조어장부 · 천인사 · 불 · 세존이시다. 저는 진실로 부처님께 귀의합니다.

이 진실의 맹세에 의한 초월적인 힘으로 붓다의 호념護念을 받기를!

단지 귀의하기만 해도

:
:
:

사왓티에 '한 번도 준적이 없는 자'가 살고 있었다. 그는 어느 누구에게 어떠한 것도 준 적이 없는 지독한 구두쇠였다. 심지어 사랑하는 아들에게 장신구를 사주고 싶었지만, 금세공사에게 의뢰하면 세공비가 들 것을 염려하여 직접 금을 두드려 귀고리를 만들어 아들에게 달아주었다. 그래서 아들은 '조잡한 귀걸이를 달고 다니는 아이'라는 뜻의 '맛타꾼달리'라고 부르게 되었다.

어느덧 이 아들이 열여섯 살이 되어 황달에 걸렸으나, 치료비를 아끼려 직접 책을 뒤지고 연구하여 약을 만들려다 때를 놓쳐 아들이 죽음의 문턱에 놓이게 되었다. 그러자 장례식의 조문객들이 자신의 집이 부자인 것을 알게 될까봐, 아들을 집밖으로 옮겨서 눕혀놓았다.

그날 이른 아침, 부처님께서는 맛타꾼달리에게 찾아가 한 줄기 빛을 비추시었다. 이를 본 맛타꾼달리는 부처님께 청정한 믿음을 일으켜 귀의하였고, 죽자마자 천상의 황금궁전에 화생化生

하였다.

　바라문은 아들의 시체를 화장하고 매일 화장터에 나와 온종일 슬피 울며 후회하고 탄식하였다. 그때 화려한 장신구와 황금 신발을 신은 젊은 천신이 나타나 말했다.

　"제가 병에 걸려 고통 속에 신음하며 누워있을 때, 부처님을 뵈었습니다. 기쁜 마음과 청정한 믿음으로 합장하고, 부처님께 귀의하였습니다. 그 공덕으로 천상에 태어났습니다. 바라문이여, 그대의 집에는 많은 재물이 있습니다. 부처님께 공양을 올리고 법문을 듣고 의심나는 것이 있으면 물어보십시오."

　바라문은 부처님과 스님들에게 공양을 올렸고, 많은 사람들이 몰려왔다. 부처님께서 공양을 마치자, 바라문이 여쭈었다.

　"사문 고따마시여, 당신에게 공양을 올리지도 않고, 삼배를 드린 적도 없고, 법문을 들은 적도 없고, 계를 받아 지킨 적도 없는데, 단지 당신께 귀의했다고 해서 천상에 태어날 수 있습니까?"

　"바라문이여, 그대의 아들이 나에게 단지 귀의함으로써 천상에 태어났다고 말하지 않았던가? 나에게 단 한번 청정한 믿음을 일으킴으로써 천상에 태어난 사람은 수백 수천 수십만을 넘어 그 수를 헤아릴 수 없느니라."

- 『법구경 이야기』

05. 담마에 대한 명상 1 : 진리를 깨치고 싶다면

법은 붓다에 의해 잘 설해졌고, 스스로 보아 알 수 있고
시간이 걸리지 않고, 와서 보라는 것이고, 향상으로 인도하고
지혜로운 자들이 스스로 알 수 있는 것이다.

- 『법구경』

이 게송은 '삼보에 대한 명상' 가운데 두 번째인 '담마에 대한 명상'이다.

여기 모인 모든 존재들! 지상이나 하늘이나 어디에 있든지 기쁜 마음으로 정중하게 가르침을 경청하기를!

실로 모든 이들은 이 경을 경청하여 밤낮으로 제물을 바치는 인간들에게 자비를 베풀고, 게으름 없이 그들을 보호하기를!

이 세상과 저 세상의 어떤 재물이든, 천상의 뛰어난 보배라도 여래와 견줄 수는 없으니, 부처님이야말로 훌륭한 보배!

이 진실에 의해 행복하기를!

사끼야족 성자께서 삼매에 들어 성취하신 번뇌의 소멸, 집착 없음, 불사不死, 최상승법, 이 가르침과 견줄 것 아무 것도 없으니 이 가르침이야말로 훌륭한 보배, 이 진실에 의해 행복하기를!

훌륭하신 부처님께서 칭찬하시는 청정한 삼매, 즉시 결과를 가져오는 것, 그 삼매와 견줄 것 아무 것도 없으니 이 가르침이야말로 훌륭한 보배, 이 진실에 의해 행복하기를!

-『보배경』

부처님께서 웨살리의 삼대 재앙(기근·악귀·역병)을 『보배경』으로 소멸시켰다. 진정한 보배는 붓다·담마·승가다. 우리를 속박의 세계에서 벗어나 해탈의 세계로 이끌어주기 때문이다.

명상실습
담마의 호념을 받는다.

저는 진실로 담마에 귀의합니다.
이 진실의 맹세에 의한 초월적인 힘으로 담마의 호념을 받기를!

∶
∶

왓지국의 수도인 웨살리에 기근 · 악귀 · 역병의 세 가지 재앙이 들이닥쳐, 기우제를 지내도 물러나지 않았다. 마침내 그들은 사절단을 뽑아 부처님께 가서 방문을 간청했으며, 부처님께서는 그들의 요청을 수락하셨다.

부처님께서 갠지스 강을 건너 배에서 내려 발이 땅에 닿는 순간, 먹구름이 몰려오더니 폭우가 쏟아지기 시작했다. 사방에 물이 흘러 넘쳐 여기저기 널려있는 시체들을 갠지스 강으로 쓸고 가버려 순식간에 거리는 청결하게 되었다.

부처님께서 웨살리에 도착하자, 삭까천왕은 자신의 권속을 거느리고 하늘에서 내려왔다. 위력 있는 천신들이 모여들자, 악귀들은 줄행랑을 놓았다. 저녁에 아난다장로는 왕자들과 함께 세 개의 성벽으로 둘러싸인 도시를 돌며 보호주[呪]로서 『보배경』을 낭송했다.

여기 모인 모든 존재들! 지상이나 하늘이나 어디에 있든지 기쁜 마음으로 정중하게 가르침을 경청하기를!

실로 모든 이들은 이 경을 경청하여 밤낮으로 제물을 바치는 인간들에게 자비를 베풀고, 게으름 없이 그들을 보호하기를!

이 세상과 저 세상의 어떤 재물이든, 천상의 뛰어난 보배라도 여래와 견줄 수는 없으니, 부처님이야말로 훌륭한 보배!

이 진실에 의해 행복하기를!

사끼야족 성자께서 삼매에 들어 성취하신 번뇌의 소멸, 집착 없음, 불사不死, 최상승법, 이 가르침과 견줄 것 아무 것도 없으니 이 가르침이야말로 훌륭한 보배, 이 진실에 의해 행복하기를!

훌륭하신 부처님께서 칭찬하시는 청정한 삼매, 즉시 결과를 가져오는 것, 그 삼매와 견줄 것 아무 것도 없으니 이 가르침이야말로 훌륭한 보배, 이 진실에 의해 행복하기를!

아난다 장로가 게송을 읊으면서 청정수를 뿌렸다. 하늘에서 퍼진 물방울들이 병자들의 몸에 닿자, 즉시 병이 나았다.

- 『법구경 이야기』

이 몸은 물질로 된 것이고, 사대四大로 이루어진 것이며,
부모에게서 생겨났고, 밥과 죽으로 성장했으며,
무상하고, 파괴되고, 분해되기 마련이다.
그것을 무상 · 괴로움 · 병 · 종기 · 재난 · 질병이라고,
부서지기 마련이며, 공한 것이며, 무아라고 바르게 관찰한다.
이렇게 관찰하는 자는 몸에 대한 욕망과 애정과 몸에 복종함을
버린다.

- 『디가나까 경』

사리자는 출가한 지 보름 만에 부처님께서 디가나까에게 설
하시는 위의 게송을 듣고 아라한과를 얻는다.

눈은 무상하다. 무상한 것은 괴로움이요, 괴로움은 내가 아니다.
귀도 무상하다. 무상한 것은 괴로움이요, 괴로움은 내가 아니다.

코도 무상하다. 무상한 것은 괴로움이요, 괴로움은 내가 아니다.
혀도 무상하다. 무상한 것은 괴로움이요, 괴로움은 내가 아니다.
몸도 무상하다. 무상한 것은 괴로움이요, 괴로움은 내가 아니다.
뜻도 무상하다. 무상한 것은 괴로움이요, 괴로움은 내가 아니다.

몸은 생노병사하고 마음은 생주이멸하며, 우주는 성주괴공한다. 모든 존재는 무상하다. 무상한 것은 괴로움이요, 괴로움은 내가 아니다.

🧘 명상실습

담마의 호념을 받는다.

저는 진실로 담마에 귀의합니다.
이 진실의 맹세에 의한 초월적인 힘으로 담마의 호념을 받기를!

내 아들이 신보다 위대한가?

지혜제일 사리자는 부처님의 첫 번째 상수제자이며, 어머니는 루빠사리였다. 장로는 어머니의 이름을 따서 사리의 아들, 즉 '사리자'라고 불렸다. 장로에게는 세 명의 남동생과 세 명의 여동생이 있었는데, 모두 출가하여 아라한이 되었다.

사리자는 앗사지 장로가 읊는 게송을 듣고 수다원과를 얻어 출가하였다. 보름 뒤에 부처님 뒤에서 부채질을 하다가, 그의 조카인 디가나카에게 설하는 게송을 듣고 아라한과를 성취하였다.

부처님께서는 웰루와나의 대집회에서 사리자와 목건련을 상수제자에 임명하셨다. 이에 비구들이 먼저 출가한 이들에게 우선권을 주지 않고 두 비구를 편애한다고 불평하니, 부처님께서 말씀하셨다.

"비구들이여, 나는 이런 영광스런 자리를 주는데 편애하지 않는다. 그가 전생에 어떤 서원을 세웠는지에 따라 영예를 주는 것이다. 두 상수제자는 과거 생에 공덕을 짓고, 미래 부처님의 상수제자가 되기를 발원했다. 이에 따라 이 영광을 얻은 것이지, 내가 두 사람을 편애하여 상수제자에 임명하는 것이 아니다."

사리자는 빠리닙바나(완전한 열반)에 들 시간이 가까워지자, 어머니를 교화하기 위해 고향을 방문했다. 장로의 어머니는 비록 일곱 명의 아라한을 낳았지만, 신을 섬기고 불교를 믿지 않았다. 이때 장로는 이질에 걸려 자신이 태어난 방으로 들어가 자리에 누웠다. 하지만 어머니는 아들이 결혼하지 않고 출가하고, 동생들마저 모두 출가시켜 집안의 대가 끊긴 것에 분노하여, 아들을 돌보지 않고 자신의 방에 있었다.

그때 사대천왕과 제석천왕과 범천의 신들이 내려와 장로를 시중들었다. 어머니는 위대한 신들이 자신의 아들을 간병하는 것을 보고, 가서 물었다.

"나의 아들이여, 이 신들보다 네가 더 위대한가?"

"그렇습니다. 어머니."

그러자 그녀의 몸은 기쁨으로 차올랐다. 장로는 어머니에게 법문하였고, 그녀는 수다원과를 얻었다. 장로는 새벽에 빠리닙바나에 들었다. 이때가 부처님께서 빠리닙바나에 들기 6개월 전이었다.

- 『법구경 이야기』

아바다가 아미타바 염할 뿐!

붓다의 제자들인 승가는
도를 잘 닦고, 바르게 도를 닦고
참되게 도를 닦고, 합당하게 도를 닦으니
곧 네 쌍의 인간들이요, 여덟 단계에 있는 사람들이다.

이러한 붓다의 제자들인 승가는
공양받아 마땅하고, 선사받아 마땅하고
보시받아 마땅하고, 합장받아 마땅하며
세상의 위없는 복전이다.

-『법구경』

저는 진실로 부처님의 제자인 승가에 귀의합니다.
이 인연 공덕으로 부처님의 진실한 제자가 되기를!

왕위를 버리고 출가한 마하갑삔나 장로는 도중에 세 개의 큰 강을 만난다. 첫 번째는 붓다에 대한 명상, 두 번째는 담마에 대한 명상, 세 번째는 승가에 대한 명상을 하자, 강이 땅으로 변하여 무사히 강을 건너게 되었다.

보이는 것을 보기만 하고, 들리는 것을 듣기만 하고
느끼는 것을 느끼기만 하고, 아는 것을 알기만 하라.
그럴 때 거기에 그대는 없다. 이것이 고통의 소멸이다.

- 『법구경』

배를 타는 선원이었던 바히야는 폭풍우를 만나 모두 죽고 혼자 살아 항구에서 구걸하며 살았다. 어느 날 과거 생의 도반을 만나 부처님이 계심을 알고, 찾아갔다. 마침 탁발에 나선 부처님을 길거리에서 만나 이 게송을 듣고 곧바로 아라한과를 얻었다.

🧘 명상실습
승가의 호념을 받는다.

저는 진실로 승가에 귀의합니다.
이 진실의 맹세에 의한 초월적인 힘으로 승가의 호념을 받기를!

가장 짧은 시간에 아라한이 된 비구

⋮

바히야는 해상무역에 종사하고 있었다. 그가 탄 배가 난파되어 널빤지를 타고 떠다니다 가까스로 항구 근처에 상륙하였다. 벌거숭이가 된 그는 나무껍질로 몸을 가리고 탁발을 하며 살았다. 어떤 사람들은 그가 혹시 아라한이 아닐까, 생각하며 자기네들끼리 그를 칭찬하는 말을 나누었다. 또한 그에게 옷을 가져다주었는데, 자기가 옷을 잘 입으면 사람들이 돈이나 음식 따위를 안 가져오리라 생각하여 거절했다. 이런 일이 계속되자, 그는 마침내 자신이 아라한이라고 착각하게 되었다.

그 즈음 과거 전생에 친구였던 대범천은 바히야를 찾아가 충고하고, 사왓띠에 고따마 붓다가 계시는데, 그 분은 진정한 아라한이며, 완전한 깨달음을 성취한 분이라고 일러주었다. 그리하여 바히야는 부처님을 만나 뵙기 위해 출발하여 아침 일찍 사왓티 성에 도착하였고, 법문을 요청하였다. 하지만 부처님께서는 지금은 탁발 공양을 하는 시간이지 법을 설하는 시간이 아니라고 답하셨다. 그런데도 바히야는 끈덕지게 설법을 애원하였다. 그래서 부처님께서는 하는 수 없이 길거리에 선 채로 설법을 하시게 되었다.

"바히야여, 그대는 이와 같이 자신을 닦아야 한다.
'보이는 것을 보기만 하고, 들리는 것을 듣기만 하고,
느끼는 것을 느끼기만 하고, 아는 것을 알기만 하리라.' 라고.
이와 같이 한다면, 그대는 그것과 함께 하지 않을 것이다.
그것과 함께 하지 않을 때, 거기에 그대는 없다.
이것이 고통의 소멸이다."

이 가르침을 듣고 바히야는 즉시 번뇌로부터 해탈하여 아라한이 되었다. 부처님께서는 비구들을 포함한 모든 제자들 중에서 가장 짧은 시간에 법을 깨닫는 데서 바히야가 제일이라고 선포하셨다.

- 『법구경 이야기』

아바타가 아미타바 연할 뿐!

08. 승가에 대한 명상 2 : 승가에 대한 명상을 하라.

사람들에 의해 칭찬받으시는 네 쌍으로 여덟이 되는 성자들 선서의 제자로서 공양 받을 만하여, 그들에게 보시하면 큰 복덕 받으니 승단이야말로 훌륭한 보배, 이 진실에 의해 행복하기를!

심오한 지혜를 지닌 부처님께서 잘 설하신 진리를 분명히 이해하는 이들, 아무리 게을리 수행할지라도 여덟 번째의 윤회를 받지 않으니 승단이야말로 훌륭한 보배, 이 진실에 의해 행복하기를!

저는 진실로 부처님의 제자인 승가에 귀의합니다.
이 인연공덕으로 부처님의 진실한 제자가 되기를!

부처님께서 웨살리의 삼대 재앙을 『보배경』으로 소멸시켰다.

이 대목은 『보배경』 가운데 승가에 관한 내용이다.

비구들이여, 길을 떠나라.
많은 사람의 이익과 안락을 위해서
세상에 대한 자비심을 품고
인간과 천신들의 행복을 위해 길을 떠나라.
비구들이여, 처음도 좋고 중간도 좋고 끝도 좋은 법을 설하라.
법을 듣지 못한다면 쇠퇴하고
법을 듣는다면 해탈로 나아가리라.

-『쌍윳다 니까야』

세상에 61명의 아라한이 존재하자, 부처님께서 마침내 전법 선언을 하셨다.

명상실습
승가의 호념을 받는다.

저는 진실로 승가에 귀의합니다.
이 진실의 맹세에 의한 초월적인 힘으로 승가의 호념을 받기를!

⋮

부처님의 십대제자 가운데 해설 제일인 마하 깟짜야나 존자가 어느 날 길을 가다가, 우물가에서 서럽게 울고 있는 노파를 만났다. 존자는 문득 집에 계신 어머니가 떠올랐으며, 지극한 연민심이 일어나 노파에게 연유를 물었다.

바싹 마른 노파는 종살이를 하고 있었는데 젊은 주인이 먹을 것도 제대로 주지 않고 학대하는 것이 못내 서러워 울고 있다는 것이었다. 이에 존자는 노파에게 '가난을 팔라.'고 권유하였다. 자신의 귀를 의심한 노파는 존자에게 되물었다.

"네? 가난을 팔라고요? 가난을 사는 이도 있습니까?"

"네, 제가 가난을 사드리겠습니다."

노파는 '가난을 팔라'는 말에 귀가 솔깃해졌다. 사줄 사람이 있다면 얼마든지 당장에라도 넘기고 싶은 마음이 굴뚝같았다. 지긋지긋한 가난은 겪어보지 못한 사람은 모른다. 그래서 가난을 파는 방법을 물었다.

"가난을 파시려면 다름 아닌 보시를 하셔야 합니다."

"뭐라고요? 그럼 그렇지. 나는 무슨 뾰족한 수라도 있나 했네. 아니, 이보시오. 지금 내가 먹을 것도 없어 신세 한탄하며 우물가에서 울고 있는 형편인데, 무얼 보시한단 말이오?"

"할머니, 지금 우물에서 물을 한 그릇 떠서 저에게 주실 수 있으시죠?"

"네? 그거야 뭐 가능하지."

"그렇다면 그렇게 해주시지요."

존자는 노파가 떠준 물 한 그릇을 맛있게 마시고 노파에게 말했다.

"신세 한탄하는 생각이 들 때마다 얼른 부처님을 생각하고, 물한 그릇이라도 남에게 베푸는 마음을 연습하시는 것이 가난을파는 것입니다."

이 노파는 그로부터 며칠 후 죽어서 무려 천 명의 천녀를 거느리는 천신으로 태어났다.

- 『법구경 이야기』

황금이 소나기처럼 퍼붓는다 해도
끝없는 욕망을 채우지 못한다.
지혜로운 이는 이런 사실을 너무나 잘 안다.
만족은 짧고 고통은 길다는 것을!

- 『법구경』186

부처님께서 한때 전륜성왕으로 태어나 팔을 한번 흔들면
보석이 비처럼 쏟아져 허리까지 쌓였다. 온갖 부귀영화를 누리고
살았지만 결코 만족하지 못했다.

때는 몸에 낀 때만을 말하지 않네. 때는 탐욕의 다른 이름
탐욕이 없는 청정한 나의 교단에서 수행자는 탐욕이라는 마음
의 때를 제거하며 살아가네.

때는 몸에 낀 때만을 말하지 않네. 때는 성냄의 다른 이름
성냄이 없는 청정한 나의 교단에서 수행자는 성냄이라는 마음
의 때를 제거하며 살아가네.

때는 몸에 낀 때만을 말하지 않네. 때는 어리석음의 다른 이름
어리석음이 없는 청정한 나의 교단에서 수행자는 어리석음이라
는 마음의 때를 제거하며 살아가네.

- 『법구경 이야기』

쭐라반타까는 이 게송을 듣고 아라한이 되었고, 천 명의 아바
타를 창조하였다.

🧘 명상실습
탐욕과 성냄과 어리석음을 제거한다.

허리를 반듯이 펴고 아랫배에 마음을 집중한다.
숨을 들이쉬며 아랫배가 일어나면 '일어남'이라고
염念한다.
숨을 내쉬며 아랫배가 들어가면 '사라짐'이라고 염한다.

천 명의 아바타를 창조하다

쭐라빤타까는 형의 권유로 18세에 출가하였지만, 머리가 나빠 4개월 동안 게송 한 구절도 외우지 못했다. 그의 형인 마하빤타까 장로는 동생에게 집으로 돌아가라고 하면서, 지와까의 공양청에서 동생을 제외시켰다. 이에 환속할 생각으로 사원 문을 나서던 쭐라빤다까는 부처님을 만났다. 부처님께서는 그에게 신통으로 아주 깨끗한 천을 만들어 주면서 말씀하셨다.

"쭐라빤타까여, 얼굴을 동쪽으로 하고 앉아서 '라조 하라낭(때를 닦자)'이라고 외우며, 이 천 조각을 들고 비비도록 해라."

쭐라빤타까는 태양을 마주보고 앉아 천을 문지르며 '라조 하라낭'을 외웠다. 천을 계속 문지르자 얼룩지며 더러워졌다.

'이 천 조각이 아주 깨끗했는데 이제 더러워졌다. 내가 이렇게 문지르니 본래의 깨끗한 성질을 잃어버리고 더러워졌구나. 아! 조건에 의해 생겨난 모든 것은 무상하구나!'

부처님께서 이를 아시고, 지와까의 집에 앉아계신 채로 쭐라반타까 앞에 광명의 몸(아바타)를 나투어 말씀하셨다.

"쫄라반타까여, 천 조각만 때로 인해 더러워지고 얼룩지는 것이 아니다. 네 안에도 탐욕과 성냄과 어리석음의 때가 있다. 이것들을 제거하라."

이렇게 말씀하시며 게송을 읊으셨다. 게송 끝에 쫄라반타까는 아라한이 되었고, 삼장에 능통하게 되었다. 한편 사원에 남아있는 스님을 확인하러 온 지와까의 하인 앞에서 그는 신통으로 분신(아바타)를 창조하여 망고사원을 가득 채웠다. 몇 명은 가사를 만들고, 몇 명은 가사를 염색하고, 다른 이는 경전을 암송하고 있었다. 이렇게 신통으로 각각 다른 모습으로 다른 일을 하는 천명의 아바타를 창조하였다.

하인이 사원에 가서 '부처님께서 쫄라반타까를 부르십니다.' 소리치자, 천명의 목소리가 동시에 외쳤다. "내가 쫄라반타까다! 내가 쫄라반타까다!"

하인이 제일 먼저 말하는 스님을 손으로 잡자, 나머지 스님들이 모두 사라졌다.

쫄라반타까는 하인과 함께 와서 공양을 마치고, 부처님의 지시에 따라 삼장을 폭넓게 인용하며 사자후 법문을 하였다.

- 『법구경 이야기』

53

:

아
바
타
가
아
미
타
바
염
할
뿐
!

거룩한 마음을 가지고 항상 깨어있는 이는
지혜의 길을 걸어간다.
이러한 공덕을 구족하여 번뇌가 소멸하고
항상 마음 챙기는 아라한에게 슬픔은 일어나지 않는다.

말을 유식하게 한다고 법을 지닌 자가 아니다.
법을 적게 들었어도
몸과 마음으로 이해하고 실천하는 사람.
그가 진정 법을 지닌 사람이다.

- 『법구경』

부처님께서 고요하게 정진하는 사리붓다 장로를 보고 앞의
게송을 읊으셨다.
에꾸다나는 평생 이 게송 하나를 외워 아라한이 되었다.

전쟁터의 코끼리가 날아오는 화살을 참고 견디듯이
나는 욕설을 참고 견디리라.
사람들은 대부분 도덕과 계율을 모른다.
노새나 준마나 코끼리도 길들이면 훌륭하지만
자신을 길들인 사람이 가장 훌륭하다.

- 『법구경』

마간디야 왕비의 사주를 받은 이교도들이 부처님을 따라 다니며 욕설을 퍼부었다. 이에 아난다가 다른 도시로 가자고 청하니, 부처님께서는 어려움이 가라앉은 다음에 떠나야 한다고 말씀하시며 게송을 읊으셨다. 이 게송 끝에 거리에 서있던 사람들이 수다원과, 사다함과, 아나함과를 성취했다.

🧘 명상실습
탐욕과 성냄과 어리석음을 제거한다.

허리를 반듯이 펴고 아랫배에 마음을 집중한다.
숨을 들이쉬며 아랫배가 일어나면 '일어남'이라고 염念한다.
숨을 내쉬며 아랫배가 들어가면 '사라짐'이라고 염한다.

아바타가 아미타바 염할 뿐!

단 하나의 게송으로 아라한과를 얻다

·
·
·

부처님께서 고요하게 정진하는 사리붓다 장로를 보고 감흥을 읊으셨다.

거룩한 마음을 가지고 항상 깨어있는 이는 지혜의 길을 걸어 간다. 이러한 공덕을 구족하여 번뇌가 소멸하고 항상 마음 챙기 는 아라한에게 슬픔은 일어나지 않는다.

에꾸다나는 이 게송 하나를 배워 숲으로 들어가 의미를 깊이 숙고하고 수행하여 완전히 이해했으며, 얼마 후 통찰지를 얻어 아라한이 되었다.

어느 날 삼장에 정통한 두 장로가 각기 오백 명의 제자들을 거느 리고 숲에 도착했다. 에꾸다나 장로가 그들을 보고 기쁘고 반가운 마음으로 법문을 청했다.
"스님, 여기 법문을 들을 사람이 누가 있다고 법문을 합니까?"

"법문을 듣는 사람이 있습니다. 어느 날 제가 법문을 했는데, 목신들의 박수와 찬탄하는 소리가 숲에 가득 찼습니다."

마침내 두 장로가 법상에 올라 법문을 했지만, 아무 소리도 없이 고요하기만 했다. 이에 에꾸다나 장로가 유일하게 아는 단 하나의 게송을 읊었다. 그러자 숲속의 목신들은 큰 소리로 박수를 치며 찬탄하였다. 두 장로와 천 명의 비구들은 어이가 없어 목신들에게 화내며 말했다.

"목신들이 편견을 가지고 사람을 가리는구나. 삼장에 정통한 두 장로가 법문해도 한 마디 찬탄하지 않더니, 늙은 장로가 단 하나의 게송을 암송할 때는 박수를 치고 찬탄하다니!"

그들이 사원으로 돌아가 부처님께 이 일을 보고하자, 부처님께서 게송을 설하셨다.

말을 유식하게 한다고 법을 지닌 자가 아니다.
법을 적게 들었어도 몸과 마음으로 이해하고 실천하는 사람.
그가 진정 법을 지닌 사람이다.

11. 자애명상 1 : 분노를 줄이고 싶다면

실로 이 세상에서 원한으로는 원한을 풀 수 없는 것
오직 용서로서만 그것을 풀 수 있나니
이것은 영원한 진리!

-『법구경』

한풀이는 한이 없다. 애착과 원망은 상대에게 풀어야 할 응어
리가 아니라, 스스로 놓아야 할 짐 덩어리인 것이다.

모두가 탈 없이 잘 지내기를! 모든 생명이 행복하기를!
살아있는 생명이면 어떤 것이든 하나 예외 없이
모든 중생이 행복하기를!
누구도 자기 동반을, 그것이 어디에 있든 간에
속이거나 헐뜯는 일이 없도록 하라.
누구도 남들이 잘못되기를 바라지 말라.

원한에서든 증오에서든

- 『자애경』

  수행 안거 도중, 목신들에게 쫓겨난 비구들에게 부처님께서
『자애경』을 설하셨다. 비구들이 게송을 외우며 다시 숲으로
돌아가자, 자애심이 일어난 목신들이 반가이 맞아 오히려 한 철
동안 수행을 잘할 수 있도록 보필하였다.

  몸과 마음의 존재는 순간적인 것이라 이미 사라져 버렸거늘
지금 그대는 누구에게 화를 내는가?
  그에게 고통을 주려해도 그가 없다면 누구에게 고통을 주겠
는가?
  그대의 존재가 바로 고통의 원인이거늘 무엇 때문에 그에게
화를 내는가?

  실상무상에 입각한 자애삼매는 최상의 깨달음에 이르는 지름
길이다.

  🧘 명상실습
  자애심을 계발한다.

  그대가 그에게 화를 낼 때, 무엇에 대하여 화를 내는가?
  머리털에 대하여 화를 내는가?
  아니면 몸털, 손발톱, 이빨, 살갗에 대하여 화를 내는가?
  오온의 무더기에 대하여 화를 내는가?

부처님께서 주신 무기

오백 명의 비구들이 수행에 전념하기 위해 한 숲에 도착했다. 그런데 그 숲에는 이미 목신들이 살고 있었다. 계행을 갖춘 스님들이 나무 아래 머무르니, 목신들은 할 수 없이 땅에 내려와 머물렀다.

오늘은 떠날까, 내일은 떠날까, 마음을 달래며 땅에 머무르던 목신들은 비구들이 우기 삼 개월 내내 여기서 지낸다는 것이 확실해지자, 더 이상 참을 수 없었다. 목신들은 낮에는 선방에서, 밤에는 잠자는 곳에서, 또는 여기저기서 목이 없는 귀신이나 다리 없는 귀신의 모습으로 나타나거나, 소름끼치는 귀곡 소리를 질러대 비구들을 놀라게 했다. 설상가상으로 비구들은 기침과 재채기, 그리고 여러 질병으로 고생하고 있었다. 마침내 비구들은 그 숲을 떠나 부처님께 사정을 말씀드렸다. 그러자 부처님께서 말씀하셨다.

"비구들이여, 처음에는 무기 없이 갔지만, 이번에는 무기를 가지고 가거라."

"부처님이시여, 무슨 무기입니까?"

"내가 새로운 무기를 주겠다. 이 무기를 갖고 가면 된다."

그리고 부처님께서는「자애경」을 설하셨다. 비구들은 다시 숲에 도착해「자애경」을 합송하면서 숲으로 들어갔다. 목신들은 이 소리를 듣자 비구들에 대한 따사로운 감정이 솟아나기 시작했다. 몸을 나타내어 그들을 따듯하게 맞이하고, 사방에 호위를 서며 비구들의 수행을 보호했다.

비구들은 몸과 마음에서 일어나고 사라지는 현상에 마음 챙기며, 무상하고 괴로운 몸과 마음의 본질을 통찰하였다.

"이 몸은 부서지기 쉽고 실체가 없는 것이 마치 질그릇 같구나."

부처님께서는 백 요자나 거리에 떨어져 있었지만, 마치 그들 앞에 있는 것처럼 광명의 모습을 나투시고 여섯 색깔의 빛을 놓으시며 말씀하셨다.

이 몸은 항아리처럼 부서지기 쉬우니,

난공불락의 요새처럼 굳게 지켜라.

지혜의 칼로 마라를 물리치고 잘 보호하며,

그 무엇에도 집착하지 말라.

- 『법구경 이야기』

61

12. 자애명상 2 : 자애명상을 하라.

배고픔이 으뜸가는 질병이요
존재함이 으뜸가는 고통이네.
이것을 있는 그대로 보아야
으뜸가는 행복인 니르바나를 이룬다.

- 『법구경』

어머니가 하나뿐인 자식을 목숨 바쳐 위험에서 구해내듯
만 중생을 향한 일체 포용의 생각을 자기 것으로 지켜내라.
전 우주를, 그 높은 곳, 그 깊은 곳, 그 넓은 곳
끝까지 모두 감싸는 사랑의 마음을 키워라.
미움도 적의도 넘어선 잔잔한 그 사랑을!

- 『자애경』

부처님은 중생들의 대자 대비한 어버이시다. 만 중생을 향한 일체 포용의 생각을 자기 것으로 지켜내는 것이 부처님 마음 연습하는 것이다.

자애명상을 닦으면 열한가지 이익이 기대된다. 편안하게 잠들고, 편안하게 깨어나고, 악몽을 꾸지 않고, 사람들이 좋아하고, 인간 아닌 자들도 좋아하고, 신들이 보호하고, 불이나 독이나 무기가 영향을 미치지 못하고, 쉽게 삼매에 들고, 얼굴빛이 밝고, 혼란 없이 죽고, 범천에 태어난다.

- 『법구경 이야기』

 **명상실습**

자애심을 계발한다.

나는 지금 : 심장이여, 참으로 수고가 많구나. 허파여,
　　　　　 고맙고 고맙구나.
크다 : 온 우주가 내 집이요, 모든 생명이 내 가족이다.
밝다 : 내가 사랑하는 그가 탈 없이 건강하고 행복하기를!
　　　　내가 미워하는 그도 탈 없이 건강하고 행복하기를!
　　　　모든 생명이 탈 없이 건강하고 행복하기를!
충만하다 : 그도 지금 나처럼 크고 밝고 충만하기를!

천 리 길을 걸어가신 부처님

⋮

부처님께서 제따와나에 계실 때, 새벽에 간다꾸띠에서 세상을 살피셨다. 그러자 한 농부가 수다원과를 얻을 인연이 익었음을 알게 되었다. 부처님께서는 30요자나를 걸어서 마침내 농부가 사는 마을 근처에 이르렀다. 1요자나는 소달구지가 하루에 갈 수 있는 거리로서 대략 40리가량이 된다. 그러므로 농부 한 명에게 수다원과를 얻게 하고자 천 리 길을 걸어가신 것이다.

그런데 이 농부는 그날 새벽 집에서 키우는 소가 도망가는 바람에, 아침밥도 먹지 못하고 소를 찾아 헤매다 점심시간이 지나서야 겨우 집에 도착했다. 부처님이 오신 것을 알고 있던 농부는 너무 늦어 부처님의 법문을 듣지 못할까 염려하여, 밥도 먹지 않고 부처님이 계신 처소로 오게 되었다.

부처님께서는 공양 후에도 법문을 하지 않고 이 농부가 오기를 기다리셨으며, 농부가 도착하자 우선 음식을 주도록 하셨다.

마침내 농부가 음식을 다 먹은 후에서야 법문을 설하셨고, 이 법문 끝에 농부는 수다원과를 성취하였다.

평상시에는 공양 후에 곧바로 법을 설하시던 부처님께서 이 날은 오랜 시간을 기다려서야 법을 설하시니, 이를 의아히 여긴 제자들이 여쭙자, 다음과 같이 답하셨다.

"여래가 30요자나를 걸어서 여기까지 온 것은 순전히 이 신도가 수다원과를 성취할 인연이 무르익었기 때문이다. 그는 이른 아침에 숲으로 들어가 잃어버린 소를 찾아 돌아다녔다. 그래서 여래는 '배고픔의 고통을 겪고 있는 사람에게 법문을 설하면 이해하지 못할 것이다.'라고 생각해서 음식을 가져다주라고 한 것이다. 비구들이여, 이 세상에 배고픔의 고통보다 더한 고통은 없다."

그리고 게송을 설하셨다.

배고픔이 으뜸가는 질병이요
존재함이 으뜸가는 고통이네.
이것을 있는 그대로 보아야
으뜸가는 행복인 니르바나를 이룬다.

- 『법구경 이야기』

모든 존재는 변화하기에
끊임없이 일어났다 사라진다네.
일어남 사라짐이 사라진다면
진정한 행복이 찾아온다네.

- 『열반경』

설산동자를 깨치게 한 『열반경』 게송[諸行無常]이다. 아무리
열심히 수행을 해도 깨달음을 얻지 못한 설산동자가 이 게송을
듣고 깨치게 되었다.

모든 악은 짓지 말고, 뭇 선은 받들어 행하라.
스스로 그 뜻을 청정히 하면, 이것이 부처님 가르침.

인욕이 최고의 고행이요,

닙바나가 으뜸이라고 부처님은 말씀하셨다.
남을 비난하는 자는 출가자가 아니요.
남을 해치는 자는 사문이 아니다.
남을 비난하지도 말고, 해치지도 말며, 계목으로 단속하라.
음식의 양을 알고 한적한 곳에 머무르며, 계·정·혜를 닦아라.
이것이 부처님들의 가르침!

- 「칠불통게」

포살을 할 때는 계목을 낭송한다. 하지만 부처님께서 깨달음을 얻으시고 20년간은 계율을 제정하지 않으셨다. 승단에 허물이 나타나지 않았기 때문에, 가볍게 훈계를 함으로써 포살을 마쳤다. 이때 훈계하는 게송이 '칠불통게'다.

🧘 명상실습

제행무상을 깨친다.

허리를 반듯이 펴고 아랫배에 마음을 집중한다.
숨을 들이쉬며 아랫배가 일어나면 '일어남'이라고
염송한다.
숨을 내쉬며 아랫배가 들어가면 '사라짐'이라고 염한다.

설산동자의 깨달음

:
:
:

히말라야 설산에서 지극한 수행을 하는 동자가 있었다. 하지만 아무리 열심히 수행해도 깨달음은 열리지 않았다. 그때 홀연 이런 소리가 들려왔다.

'모든 존재는 변화하기에
끊임없이 일어났다 사라진다네.'

이 소리를 듣게 된 수행자는 눈이 번쩍 뜨였다. 깜짝 놀라 주위를 둘러보니 아무도 없고, 다만 입술이 뻘건 나찰이 서있을 뿐이었다. 하는 수 없이 야차에게 물었다.

"방금 전의 게송은 그대가 읊은 것인가?"

"그렇소."

"지금 두 구절만 외운듯한데, 나머지 두 구절도 읊어줄 수 없겠는가?"

"당신은 자신의 급한 사정만 알았지, 남의 사정은 안중에도 없나보군"

"그렇다면 그대의 급한 사정은 도대체 무엇이요?"

"나는 지금 배가 고파 죽을 지경이요."

"당신은 무얼 먹나요?"

"나는 산 사람의 피와 살을 먹습니다."

"그렇다면 나의 피와 살을 그대에게 주겠소. 다만 그전에 게송을 전해주시오."

이렇게 약속을 하자, 나찰은 뒤의 두 구절을 마저 읊었다.

"일어남 사라짐이 사라진다면

진정한 행복이 찾아온다네. "

이 게송을 듣고 기뻐하며 깨달음을 얻은 수행자는 이곳저곳에 게송을 적어놓고 마침내 절벽에서 뛰어내렸다. 그때 나찰은 홀연 제석천왕으로 변하여 수행자를 허공에서 받아 사뿐히 내려놓았다.

모든 존재는 변화하기에 (諸行無常)

끊임없이 일어났다 사라진다네. (是生滅法)

일어남 사라짐이 사라진다면 (生滅滅已)

진정한 행복이 찾아온다네. (寂滅爲樂)

- 『열반경』

아바타가 아미타바 염할 뿐!

14. 무상無常 명상 2 : 무상함을 관찰하라.

몸이 물거품처럼 허무하고
마음이 아지랑이처럼 실체 없음을 깨닫는다면,
그는 능히 감각적 쾌락의 화살을 꺾으리니
죽음의 왕도 그를 보지 못한다.

- 『법구경』

몸뚱이나 음성으로
나를 찾고 구한다면
잘못된 길 가는지라.
여래 볼 수 없으리라.

- 『금강경』

  몸은 생로병사하고 마음은 생주이멸하며 우주는 성주괴공
한다.

한 마디로 모든 존재는 이름이 있을 뿐, 고정된 실체가 없다.

몸뚱이는 부처가 아니며
음성 또한 그러하다.
하지만 몸과 음성을 떠나서
붓다의 신통력을 볼 수 있는 것도 아니다.

- 『화엄경』

진짜 부처님은 비로자나 법신불이다. 하지만 법신불은 중생
제도를 할 수 없다. 상相이 없기 때문이다. 그러므로 중생제도하
기 위해서 빛과 음성으로 나타난 아바타가 원만 보신報身 노사
나불이다. 한발 더 나아가 중생들과 똑같은 몸뚱이로 나타난 아
바타가 천백억 화신化身 석가모니불이다. 석가모니불이 오지 않
았다면 보신불인 아미타불과 청정법신 비로자나불을 어찌 알
수 있으랴?

명상실습
제행무상을 깨친다.

숨을 들이쉬며 아랫배가 일어나면
'일어남'이라고 염念한다.
숨을 내쉬며 아랫배가 들어가면
'사라짐'이라고 염한다.

몸은 물거품, 마음은 아지랑이

⠇

한 비구가 부처님으로부터 좌선수행에 관한 설법을 듣고 수행했지만 큰 진전을 보지 못했다. 다시 적합한 수행주제를 받기 위해 부처님을 향해 길을 가다 멀리서 아지랑이가 아른거리는 것을 보았고, 이렇게 생각했다.

"저 아지랑이는 먼데서 보면 실제처럼 보이지만 가까이 가 보면 실체를 잡을 수 없다. 이처럼 마음이란 것도 일어나고 사라지는 현상이 있지만, 그것은 인연의 소치일 뿐 불변하는 실체가 있는 것이 아니다."

여기에 마음집중하며 길을 가다 폭포를 만났다. 폭포의 물거품을 바라보며 또 이렇게 생각했다.

"인간이 이 세상에 존재하는 것도 저 물거품과 같다. 태어남은 물거품이 일어나는 것과 같고, 죽는 것은 물거품이 사라지는 것과 같다."

그래서 이번에는 물거품이 일어나고 사라지는 것을 주제로 하여 좌선 수행을 하기 시작했다. 이때에 부처님께서는 제따와나 수도원에 계시면서 광명과 함께 그 비구 가까이 몸(아바타)를 나투어 말씀하셨다.

"몸이 물거품처럼 허무하고
마음이 아지랑이처럼 실체 없음을 깨닫는다면,
그는 능히 감각적 쾌락의 화살을 꺾으리니
죽음의 왕도 그를 보지 못한다."

이 게송을 듣고 그 비구는 즉시 아라한과를 성취하였으며, 곧 부처님을 찾아 뵙고 거룩하신 능력을 높이 찬탄하였다.
- 『법구경 이야기』

아바타가 아미타바 열할 뿐!

15. 웰다잉 명상 1 : 웰다잉을 바란다면

죽음은 목동의 막대기와 같아서 태어남을 늙음으로, 늙음을 병들음으로, 병들음을 죽음으로 몰고 가서, 마침내 도끼로 자르듯 생명을 끊어버린다.

그럼에도 불구하고 윤회에서 벗어나려는 사람은 아무도 없고, 오히려 다시 태어나려고 발버둥을 친다."

-『법구경』

위사카 부인은 동원정사를 지어 승단에 보시하였다. 어느 날이 절에 다니는 신도들이 원하는 바를 물었다. 해탈을 추구하는 이는 없고, 세간의 부귀영화와 소원성취를 기원할 뿐이었다. 이 말을 전해들은 부처님께서 위의 게송을 설하셨다.

삶은 불확실하고 죽음은 확실하다.
나는 반드시 죽는다.

죽음은 삶의 종착역이다.
죽음, 죽음!

부처님께서 알라위의 시민들에게 「죽음에 대한 명상」을 권하셨다. 사람들은 평소에 '죽음'이라는 단어조차 떠올리기 싫어한다. 하지만 죽지 않는 사람은 없다.

젊어서 노후대비 하듯이, 늙어서 사후대비 하는 것이 지혜롭다. 자신이 언제 죽을지 알 수 없다면, 바로 지금부터 대비해야 한다.

명상실습
죽음을 대면한다.

삶은 불확실하고 죽음은 확실하다.
나는 반드시 죽는다.
죽음은 삶의 종착역이다.
죽음, 죽음!

죽음에 대해 명상하라

∴

부처님께서 알라위에 도착하셔서 법문하셨다.

"죽음에 대해 명상하라. 죽음에 대해 명상하지 않은 사람은 마치 지팡이도 없는 사람이 독사를 보면 두려움에 휩싸이듯, 마지막 순간이 다가오면 공포에 휩싸여 당황하며 어쩔 줄 모른다. 그러나 죽음에 대해 명상한 사람은 마치 지팡이를 가진 사람이 독사를 보면 지팡이로 머리를 쳐서 내던지듯, 마지막 순간이 다가와도 두려움에 떨지 않을 것이다."

삶은 불확실하고 죽음은 확실하다.
나는 반드시 죽는다.
죽음은 삶의 종착역이다.
죽음, 죽음!

이 법문을 들은 사람들 가운데 단 한 사람, 열여섯 살 직조공의 딸은 이 말씀을 새기고 3년 동안 실천했다. 3년 후 부처님께서 다시 알라위로 오셔서 법문하는 자리에서 부처님께서 그녀에게 물으셨다.

"그대는 어디서 오는가?" "모릅니다."
"어디로 가는가?" "모릅니다."
"모르는가?" "압니다."
"아는가?" "모릅니다."

우리가 이 세상에 태어났을 때 어디서 왔는지 모르고, 죽으면 어디로 가는지도 모른다. 누구나 죽는다는 것은 알지만, 언제 죽을지는 모른다.

부처님께서는 소녀를 칭찬하셨고, 소녀는 수다원과를 얻었다.

- 『법구경 이야기』

아바타가 아미타바 염할 뿐!

16. 웰다잉 명상 2 : 죽음에 대한 명상을 하라.

죽음에 대해 명상하지 않은 사람은 마치 막대기도 없는 사람이 독사를 보면 두려움에 휩싸이는 것과 같다.

죽음에 대해 명상한 사람은 막대기를 가진 사람이 독사를 보면 집어서 멀리 던져버리는 것과 같다.

- 『법구경』

우리는 모두 백 퍼센트 침몰하는 배에 타고 있다. 반드시 죽는 것이다. 그럼에도 죽음에 대한 진정한 성찰과 대비는 하지 않고 있다. 젊어서 노후대비는 해야 한다고 생각하면서도, 늙어서 사후대비는 하지 않는 어리석음을 범하고 있는 것이다.

죽은 이들은 담장 밖에 서 있고, 옛집에 들어오려고 문기둥에 서 있네. 사람들은 많은 음식을 먹고 마시면서도 아무도 그들을 기억하지 않네. 진정 죽은 이를 위한다면, 삼보에 공양올리고 이렇게 빌어야 한다네.

"이 공덕이 죽은 이에게 돌아가기를! 죽은 이가 행복하기를!"

죽은 이들이 사는 곳에는 농사도, 농사지을 소도, 장사도, 장사할 돈도 없다네. 그들은 오직 우리가 주는 것만으로 살아가네.

울며 슬퍼하고 땅을 치고 통곡한다 해도, 죽은 이에게는 아무 소용없네. 거룩한 삼보에 공양 올리면, 즉시 좋은 과보를 받네.

-『담장 밖 경』

🧘 **명상실습**

죽음을 대면한다.

삶은 불확실하고 죽음은 확실하다.

나는 반드시 죽는다.

죽음은 삶의 종착역이다.

죽음, 죽음!

이 공덕이 죽은 이에게 돌아가기를!

. . .

빔비사라 왕이 부처님께 공양 올린 날 밤, 잠을 못자고 아귀들의 형상에 시달렸다. 날이 밝자 이에 대해 부처님께 여쭈니, 답하셨다.

"대왕이여, 그 아귀들은 먼 과거 생 그대의 친척이었습니다. 그들은 비구 승가에 올린 음식을 먹어치웠기에 아귀로 태어났습니다. 그들은 대왕이 공양을 올리고, 공덕을 회향해주기를 간절히 바라고 있습니다."

다음날 왕은 부처님과 스님들께 공양 올리고, 그 공덕을 옛 친척인 아귀들에게 회향하였다. 아귀들은 건강한 외모를 완전히 회복하였지만, 모두 알몸이었다. 다시 가사를 보시하고 회향하니, 아귀들은 보석으로 치장된 천상의 옷을 입게 되었다. 그러자 부처님께서는 『담장 밖 경』을 설하셨다.

"죽은 이들은 담장 밖에 서 있고, 옛집에 들어오려고 문기둥에서 있네. 사람들은 많은 음식을 먹고 마시면서도, 아무도 그들을 기억하지 않네.

진정 죽은 이를 위한다면, 삼보에 공양올리고 이렇게 빌어야 한다네. '이 공덕이 죽은 이에게 돌아가기를! 죽은 이가 행복하기를!'

죽은 이들이 사는 곳에는 농사도, 농사지을 소도, 장사도, 장사할 돈도 없다네.

그들은 오직 우리가 주는 것만으로 살아가네. 울며 슬퍼하고 땅을 치고 통곡한다 해도, 죽은 이에게는 아무 소용없네. 거룩한 삼보에 공양 올리면, 즉시 좋은 과보를 받네."

목건련의 어머니도 죽어서 아귀로 태어났다. 목건련이 발우에 밥을 담아 어머니께 갖다 주니, 갑자기 불덩이로 변하여 먹지 못했다. 이를 부처님께 여쭈니, 말씀하셨다.

"너의 어머니는 죄의 뿌리가 깊어서 너 한 사람의 힘으로는 어찌할 수 없다. 시방의 여러 스님들께 공덕을 지어야 한다. 누구든 7월 보름에 청정한 승가에게 정성껏 공양하고 발원하면, 현재의 부모와 과거 7세의 부모가 삼악도의 괴로움에서 벗어나리라."

이와 같이 행하자, 목건련의 어머니는 아귀보를 벗어났다.

- 『대목련경』

아바타가 아미타바 염할 뿐!

2장

자성이 본래 청정함을 어찌 알았으리오?

자성이 본래 불생불멸함을 어찌 알았으리오?

자성이 본래 구족함을 어찌 알았으리오?

자성이 본래 동요가 없음을 어찌 알았으리오?

자성이 모든 법을 창조함을 어찌 알았으리오?

- 『육조단경』

참선은 견성見性공부다. 몸과 마음을 관찰하는 관찰자를 관찰한다. 몸과 마음은 아바타요, 관찰자自性가 '진짜 나'이기 때문이다. 관찰자를 관찰하라!

마음을 맑히고 '마하반야바라밀'을 염念하라.

입으로만 외우고 실행하지 않는 이는 아바타와 같으며

닦고 행하는 이는 법신과 부처와 같으니라.

- 『육조단경』

마하반야바라밀을 입으로 염하는 것은 그렇다 치고, 실행한
다는 것은 무엇일까?

마하는 '큼'이요, 반야는 '밝음'이요, 바라밀은 '충만함'이다.
마하반야바라밀이 나요, 내가 마하반야바라밀이다.
나는 본래 크고 밝고 충만하다.
나는 지금 크고 밝고 충만하다.
나는 항상 크고 밝고 충만하다.

🧘 명상실습

자성自性을 본다.

'마하반야바라밀'을 염念한다.
그 소리를 듣는다.
듣는 성품을 돌이켜 듣는다.
"마하반야바라밀을 염하고 들을 때, 이 성품이 어떤 건가,
어떻게 생겼을까?"

:
:
:

혜능은 장터에서 땔나무를 팔며 지냈다. 어느 날 한 손님이 땔나무를 사서 함께 숙소에 갔다. 혜능이 돈을 받고 문을 나서다가, 홀연히 한 손님이 『금강경』 읽는 것을 보았다. 혜능은 한 번 들음에 마음이 밝아져 문득 깨닫고, 5조 홍인 화상을 찾아가 예배하고 행자생활을 하게 되었다.

어느 날 홍인화상이 게송을 지어 바치라 명하자, 상좌인 신수는 남쪽 복도의 벽 위에 다음과 같이 써놓았다.

:
:

몸은 깨달음의 나무요
마음은 밝은 거울의 받침대
때때로 부지런히 털고 닦아서
티끌과 먼지 끼지 않게 하라.

혜능은 이 게송에 예배하였지만, 글자를 알지 못하여 다른 사람에게 읽어주기를 청하였다. 듣고서 대강의 뜻을 알고, 자신도 게송을 지어 글을 아는 이에게 청하여 벽 위에 써서 자기의 본 마음을 나타내 보였다.

깨달음은 본래 나무가 없고
밝은 거울 또한 받침대 없네.
불성은 항상 청정하거늘
어느 곳에 티끌 먼지 있으리오.

이에 5조 대사께서 한밤중 삼경에 혜능을 불러 『금강경』을 설해주었다. 혜능이 한 번 듣고 말끝에 바로 깨쳐서 그날 밤 으로 법을 받으니, 아무도 알지 못했다.
혜능이 가사와 법을 받고 밤중에 떠나려하니 5조 스님께서 몸소 구강역까지 전송해 주셨다.
두 달 가량 되어 대유령에 이르렀는데, 혜명이 고갯마루까지 쫓아와서 법을 청했다. 이에 혜능이 설했다.
"선도 생각하지 말고, 악도 생각하지 말라. 그럴 때, 그대의 본 래 면목이 무엇인가?"

- 『육조단경』

아바타가 아미타바 염할 뿐!

도는 닦을 것이 없으니 다만 물들지만 마라.
무엇을 물들음이라 하는가?
생사심으로 작위와 지향이 있게 되면 모두가 물들음이다.
그 도를 당장 알려고 하는가? 평상심이 도다.
무엇을 평상심이라 하는가?
조작이 없고, 시비가 없고, 취사가 없고, 단상이 없으며
범부와 성인이 없는 것이다.

- 『마조어록』

평상심이 도다. 평상심이란 시비분별이 없는 마음이다.

나는 내가 창조합니다.
지금 이 모습도 나의 작품일 뿐!
부처의 행!

그것은 머무르지 않는 삶이며
바로 지금 여기서 더불어 생동하는 삶입니다.

- 「행불 송」

내 작품이라고 해야 내가 고칠 수 있다.
신의 작품이라고 하면, 신에게 구걸할 수밖에 없다.
내가 고칠 것인가? 신에게 구걸할 것인가?
내가 선택한다. 내 작품이다.

🧘 명상실습

자성을 본다.

'마하반야바라밀'을 염念한다.
그 소리를 듣는다.
듣는 성품을 돌이켜 듣는다.
"마하반야바라밀을 염하고 들을 때, 이 성품이 어떤 건가,
어떻게 생겼을까?"

내가 너를 불러 올렸느니라.

:
:

6조 대사께서 임종 시에 다음과 같이 예언을 했다.

"내가 멸한 뒤 5~6년이 되면 마땅히 한 사람이 와서 내 머리를
가져가리니, 나의 예언을 잘 들어라.
　머리 위로 어버이를 봉양하고 입 속에 밥을 구하네.
　만滿의 난難을 만날 때에 양류楊柳가 관官이 되리라."

　평소 6조 대사를 흠모하던 신라의 삼법 스님이 이를 알고, 김
유신 장군의 부인이었던 법정 비구니의 도움으로 당나라에 들
어갔다. 3개월 만에 보림사에 도착하여 육조탑 아래에서 7일 밤
을 발원 정진하였다. 7일째 되던 날 밤, 빛이 탑의 정상에 머물
렀다가 동쪽하늘을 가로질러가는 감응이 있었다. 이에 어버이
상을 당했으나 돈이 없어 애태우던 장정만에게 일만금을 주어
장사를 치르게 하고, 그가 돌아오자 6조 정상頂相을 모셔오게 하
여 마침내 귀국하였다.

그 후, 삼법대사의 꿈에 금란가사를 입은 노스님이 나타나 말씀하셨다.

"내 머리가 돌아온 이 땅은 불국과 인연이 있도다. 인연처인 강주 지리산 아래 눈 속에 칡꽃이 핀 곳은 사람과 경계가 모두 환상적이고[幻], 산수의 오묘함이 연꽃蓮 같도다. 나의 법은 본래 무심無心이라, 유택幽宅이 만년을 가리라."

이튿날 대비 선백과 함께 동쪽으로 강주 지리산에 가니 동구에 석문이 보이고 문안에 눈 쌓인 골짜기와 샘물이 있으며, 칡꽃이 만발해 있었다. 삼법스님은 환희하며 그곳에 정상을 받들어 모셨다.

- 『육조정상 동래연기』

현재 지리산 쌍계사 금당에는 육조정상탑이 모셔져 있다. 필자가 강원을 졸업한 후, 쌍계사 금당선원 하안거 방부를 허락받자마자 바로 탑전에 올라가 육조 큰스님께 경배하며 말씀드렸다.

"육조 큰스님, 이번 하안거를 금당선원에서 정진하게 되었습니다. 부디 지켜봐주시고 도와주십시오."

그러자 홀연 이런 소리가 들렸다.

"그래, 내가 너를 불러 올렸느니라."

19. 묵조선 1 : 몸가짐이 중요하다 생각하면

불도를 배운다는 것은 자기를 배우는 것이다.
자기를 배운다는 것은 자기를 잊는 것이다.
자기를 잊는다는 것은 모든 사물이 스스로 명확해지는 것이다.
자신도 타인도 해탈시키는 것이다.

- 『정법안장』

자기를 잊는다는 것은 무아가 되는 것이다. 무아가 된다는 것은 시비분별이 쉬는 것이다. 모든 존재를 있는 그대로 보는 것이다.

세존께서 말씀하신 '일체 중생은 모두 불성이 있다.'는 말의 참 뜻은 어떤 것인가? 그것은 이름 지을 수 없는 그 무엇이 분명히 현전해 있다고 하는 것이다. 어느 때는 '중생'이라 부르고, 어느 때는 '유정'이라 하는 것이 모두 중생이며, 일체의 존재다. 다시 말해서 모든 존재는 불성이며, 중생이다.

-『정법안장』

모든 존재는 살아 움직이고 있으며, 있는 그대로 불성이다.

좌선은 깨달음을 위한 수단이 아니고,
그 자체가 부처로서 완성된 행위이다.
순수하게 수행 그 자체가 깨달음인 것이다.
그러므로 선승이 탁월하게 되는 첫째 마음가짐은
'오직 앉아있을 뿐[只管打坐]'에 있다.

-『정법안장』

수행과 깨달음은 둘이 아니다. 부처의 행위가 부처다. 바로 지금 여기서 나의 행위가 '나'다. 이것이 바로 깨달음 상의 수행[本證妙修]이다.

🧘 명상실습

다만 앉아있을 뿐[只管打坐]!

바로 지금 여기에서 다만 앉아있을 뿐!
앉아있는 자는 없다. 이것뿐!

몸도 탈락! 마음도 탈락!

:
:
:

    도겐道元, 1200~1253은 세 살에 부친을 잃고, 여덟 살에 어머니와 사별하였다. 숙부 밑에서 자란 그는 13세에 출가하여 천태학을 공부하였다. 하지만 열다섯 살에 종교의 근본문제에 봉착하게 된다.

    '인간은 본래 불성이 있고 그 본성은 청정한데, 왜 삼세의 제불은 발심하여 깨우침을 구할 필요가 있는가?'

    도겐은 이러한 의심을 품고, 건인사의 영서榮西를 만나 물었다. 영서는 '삼세제불은 없으며, 다만 살쾡이와 여우가 있을 뿐'이라고 답하였다. 하지만 영서는 다음해 사망하고, 그의 제자인 명전明全을 스승으로 삼아 가르침을 받았다.

    24세 때, 도겐은 명전과 함께 입송한다. 지금의 영파에 도착하여 상선에 머물고 있을 때, 한 노승이 버섯을 구하기 위해 배에 찾아왔다. 그 노승은 아육왕산에서 음식담당인 전좌(典座)역을 맡고 있었다. 도겐은 '당신 같은 노승이 왜 좌선 변도(辨道)하지 않고 전좌 노릇을 하고 있느냐'고 묻자, 그 노승은 크게 웃으며 '그대는 아직 도 닦는 바를 터득하지 못하였군.'이라고 답하였다.

도겐은 느끼는 바 있어 천동산 경덕사에서 공부하였고, 여정如淨을 만난 것은 26세인 1225년 이었다. 만난 지 몇 개월 후에 한 선승이 좌선하면서 졸고 있었다. 이를 본 여정이 큰소리로 꾸짖었다.

"참선은 신심身心탈락脫落이다. 졸고 있으면 무엇을 할 수 있겠느냐?"

이에 옆에서 좌선하고 있던 도겐은 활연 대오하였다. 몸도 탈락! 마음도 탈락! 1227년 가을, 도겐은 5년간에 걸친 입송의 여정을 마치고 귀국했다. 이때 도겐이 가져온 것은 경전도 불상도 아니었다. 그는 다음과 같이 말한다.

"산승이 총림을 거친 지 오래지 않아, 언뜻 천동여정 선사를 뵙고, 즉시 눈은 옆으로 째졌고, 코는 똑바로 세워져 있다眼橫鼻直는 것을 깨달아, 다시는 사람에게 속지 않게 되었다. 빈 손으로 고향에 돌아왔다. 그러므로 털끝만큼도 가져온 불법이 없는 것이다."

몸도 탈락! 마음도 탈락!

중생도 탈락! 부처도 탈락!

눈은 옆으로! 코는 똑바로!

20. 묵조선 2 : 좌선을 하라.

부처님과 조사들이 설한 바가 허공의 꽃이기 때문에
부처님 세계와 모든 불법이 허공의 꽃인 것이다.
일체의 세계와 일체의 사물은 모두 그림의 떡이기 때문에
인간이 체험하는 진리는 그림으로 나타나고
부처도 그림에서 생겨난다.
그림에 그려진 떡이 아니면 허기를 채워주는 약이 없다.

-『정법안장』

허공의 꽃은 가상현실이다. 그림의 떡은 아바타를 말한다. 그림의 떡이 아니면 허기를 채워주는 약이 없다는 것은, 허상으로 허상을 치유함을 말한다.

몸과 마음은 아바타지만 이 아바타를 떠나서 관찰자가 따로 있는 것도 아니기에, 잘 사용해야 한다는 것이다.

제불의 불도는 깨닫는 것을 목적으로 하지 않는다.
깨달음을 초월하고 해탈한 경지의 실현,
즉 불佛향상向上의 도에 있다.
이 불 향상의 도는 다만 '행불'에 있을 따름이다.
그것은 진리 그 자체를 부처라고 하는 자들이
아직 꿈에도 보지 못한 것이다.

- 『정법안장』

본래 부처에서 지금 부처로 나아가는 것이 행불行佛이다. 부처의 행이 부처이기 때문에, 부처의 행을 수행해야 한다. 그 표준이 되는 행은 바로 좌선행이다.

고정된 실체로서의 나는 없다.
그러므로 어떠한 나도 만들 수 있다.
바로 지금 여기서 나의 행위가 나다.
부처의 행을 수행하라!

🧘 명상실습
다만 앉아있을 뿐[只管打坐]!

바로 지금 여기에서 다만 앉아있을 뿐!
앉아있는 자는 없다. 이것뿐!

∶

도겐 선사는 설한다.

"산하대지가 모두 불성佛性의 바다이다. 산도 강도 대지도 모두 살아있는 것이고, 부처의 생명을 살고 있는 것이다. 그러므로 불살생이란 부처의 씨앗을 키우는 것이다. 풀과 나무와 산과 강의 생명을 살리는 것이다. 온갖 사물의 생명과 하나가 되어 인간 자신이 이들 생명과 함께 사는 것이다."

모든 것은 시시각각 변화하고 있는 것이며, 그런 의미에서 모든 것은 시시각각 태어나고 죽어가는 것이다. 생生도 일시의 모습이고, 사死도 일시의 모습이다. 이를테면 봄과 겨울 같은 것이다. 봄 그 자체가 겨울로 변하는 것이 아니며, 겨울 그 자체가 봄이 되는 것도 아니다. 봄은 봄이고 겨울은 겨울일 뿐! 그러므로 생生이 오면 생生과 마주하고, 멸滅이 오면 멸滅로 향할 따름이다. 모든 존재는 '허공의 꽃空華'이며, '그림의 떡畫餅'이다.

"불도에는 '허공의 꽃'이라는 말이 있지만, 외도에는 없다. 다만 부처님과 조사들만이 '허공의 꽃'이 열려 흩뿌리는 것을 알고, 그 자체가 부처님의 경전을 설함을 아는 것이다. 부처님과 조사가 설한 바가 모두 '허공의 꽃'이기 때문에 부처님 세계와 불법이 바로 '허공의 꽃'인 것이다.

일체의 세계와 일체의 사물은 모두 '그림의 떡'이다. 그러므로 인간이 체험하는 진리는 그림으로 나타나고, 부처님도 그림으로 생겨난다. 따라서 그림에 그려진 떡이 아니면, 허기를 채워주는 약도 없다."

'허공의 꽃'과 '그림의 떡'은 실체가 없다. 다만 현상이 있을 뿐! 이 시대의 언어로 표현하면, '가상현실'과 '아바타'라 할 수 있다. 중생도 아바타요, 부처도 아바타다. 이 세상도 가상현실이며, 불국토 또한 가상현실이다.

그림의 떡이 아니면 허기를 채워주는 약이 없는 것처럼, 아바타로 아바타를 치유할 뿐이다. 해탈게임 가상현실로 윤회게임 가상현실을 대치할 뿐이다. 이환치환以幻治幻이요, 이상치상以相治相인 것이다.

21. 간화선 1 : 마음가짐이 중요하다 생각하면

남전선사에게 육긍 대부가 물었다.

"옛사람이 병 속에 거위 한 마리를 길렀는데, 거위가 점점 자라 병에서 나올 수 없게 되었습니다. 지금 병을 깨뜨릴 수도 없고, 거위를 죽일 수도 없으니, 어찌해야 거위를 꺼내겠습니까?"

남전선사가 불렀다.

"대부여!"

대부가 답하거늘 선사가 말했다.

"나왔다!"

- 『선문염송 238』

화두話頭는 스토리텔링이다. 이야기 화話, 실마리 두頭! '과거 나 미래', 혹은 '저기나 거기'의 이야기를 끌어와 깨달음의 실 마리로 삼기 때문이다.

'코끼리에게 쫓기던 나그네가 언덕에 있는 우물 속으로 피신했다. 나뭇가지에 매달린 등 넝쿨을 잡고 내려가다 보니, 바닥에 독사가 우글거렸다. 할 수 없이 대롱대롱 매달려 있는데, 위에서 흰쥐와 검은 쥐가 넝쿨을 갉아먹고 있었다. 오도 가도 못하는 상황에서, 이 나그네는 어찌해야 할까?'

화두를 깨치는 것은 '과거나 미래', 혹은 '저기나 거기'의 가상현실에서 유일한 진짜 현실인 '바로 지금 여기'로 '갑자기 툭 튀어나오는 것'이다.

이 몸이 실체가 없다고 보는 것이 부처님의 견해이며
이 마음이 아바타라고 깨닫는 것이 부처님의 깨달음이다.
몸도 마음도 그 본성이 텅 비었음을 깨달으면
이 사람이 부처님과 무엇이 다르랴?

- 『전등록』

⚇ 명상실습
화두를 든다.

'〇(원상)'을 그리는 이것이 무엇인가?

아바타가 아미타바 염할 뿐!

'바로 지금 여기'로 '갑·툭·튀'

.
.
.

화두話頭는 대부분 중국 당송唐宋시대 선사들의 일화이거나, '바로 지금 여기'가 아닌 '저기나 거기'의 가상현실이다. 그러므로 화두 참구는 임의로 설정된 가상현실에서 벗어나는 체험을 통해, 이 세상이 가상현실임을 깨치는 것이다.

남전선사에게 육긍 대부가 물었다.

"옛사람이 병 속에 거위 한 마리를 길렀는데, 거위가 점점 커서 병에서 나올 수 없게 되었습니다. 지금 병을 깨뜨릴 수도 없고, 거위를 죽일 수도 없으니, 어찌해야 거위를 꺼내겠습니까?"

남전선사가 불렀다.

"대부여!"

대부가 답하니, 선사가 말했다.

"나왔다!"

부르고 답하는 순간, '병속의 새'라는 가상현실에서 '바로 지금 여기'로 '갑·툭·튀'한 것이다. 경전 속 스토리텔링인 '안수정등岸樹井藤'도 이와 마찬가지다.

'코끼리에게 쫓기던 나그네가 언덕 위 우물 속으로 피신했다. 나뭇가지에 매달린 등 넝쿨을 잡고 내려가다 보니, 바닥에 독사가 우글거렸다. 할 수 없이 대롱대롱 매달려 있는데, 위에서 흰쥐와 검은 쥐가 넝쿨을 갉아먹고 있었다. 오도 가도 못하는 진퇴양난의 상황에서, 이 나그네는 어찌해야 할까?'

전강선사에게 이 화두를 제시하자, 바로 앞에 있던 엿을 입에 넣고 말했다.
"달다!"

이 답은 바히야에게 설한 부처님의 가르침과 상통한다.
"바히야여, 그대는 보이는 것을 보기만 하고, 들리는 것을 듣기만 하고, 느끼는 것을 느끼기만 하고, 아는 것을 알기만 하라. 이와 같이 한다면, 그대는 그것과 함께 하지 않을 것이다. 그것과 함께 하지 않을 때, 거기에 그대는 없다. 이것이 고통의 소멸이다."

달다고 느낄 뿐! 느끼는 자는 없다. 이것뿐!

22. 간화선 2 : 화두를 들라.

견문각지見聞覺知하는 이것이 무엇인가? 이뭐꼬?
깨치기 전에는 엄청 궁금했는데
막상 깨치고 보니 별것 아니었네.
다만 견문각지見聞覺知할 뿐, 이것뿐!

- 『이뭐꼬? 이것뿐!』

보고, 듣고, 느끼고, 알아차리는 이것이 무엇인가?
마음도 아니고, 물건도 아니고, 부처도 아닌, 이것이 무엇인가?
"이뭐꼬是甚麼?"

박장대소하는 이것이 무엇인가?
다만 박장대소할 뿐! 박장대소하는 자는 없다.
박장대소가 박장대소하는 자다.
행위가 있을 뿐! 행위자는 없다. 행위가 행위자다.

몸과 마음은 '참나'가 아니다. 관찰자가 '참나'다. 하지만 몸과 마음을 떠나서 관찰자가 따로 있는 것도 아니다. 성품과 형상은 둘이 아니기 때문이다. 그러므로 몸과 마음을 무시해서도 안 되고, 매달려서도 안 된다. 잘 선용해야 한다.

아는 만큼 전하고 가진 만큼 베풀자!
전할수록 알게 되고, 베풀수록 갖게 된다.
이것이 바로 행불行佛이자
부처 되고 부자 되는 비결!
행불하세요!

🧘 **명상실습**
화두를 든다.

'○(원상)'을 그리는 이것이 무엇인가?

행위가 행위자다

⋮

고려의 나옹스님이 원나라에서 천암 원장선사에게 인사하니, 물었다.

"어디에서 왔는가?"

"정자선사에서 왔습니다."

"부모에게서 태어나기 전에는, 어디에서 왔는가?"

"오늘은 4월 2일입니다."

부모에게서 태어나기 전의 소식을 물었는데, 느닷없이 오늘은 4월 2일이라고 답했다. 어째서? 화두는 과거나 미래, '저기'나 '거기'의 가상현실이자 스토리텔링이다. 가상현실에서 '바로 지금 여기'로 갑자기 툭 튀어나와, 이 세상이 가상현실이라고 깨치는 것이 화두의 효능이다. 그런데 '바로 지금 여기'도 시시각각 바뀌므로 명칭이 있을 뿐 고정된 실체가 없으니, '다만 이것뿐!'인 것이다.

예컨대 '이뭐꼬?' 화두가 있다.
견문각지見聞覺知하는 이것이 무엇인가?

견문각지하는 자는 없다. 다만 견문각지할 뿐!
견견見見 문문聞聞 각각覺覺 지지知知! 보이는 것을 보기만 하고, 들리는 것을 듣기만 하고, 느끼는 것을 느끼기만 하고, 아는 것을 알기만 할 뿐! 거기에 '나'는 없다. 이것이 해탈이다.
모든 존재는 공空한 것이다. 색즉시공[色=空]이요, 공즉시색[空=色]이니, 결국 색즉시색[色=色]이다. 산은 산, 물은 물! 이것은 이것, 저것은 저것! 부르는 명칭이 있을 뿐, 고정된 실체는 없다.
결국 동어반복[同語反覆]과 동행반복[同行反復]이 답이다.

박장대소하는 이것이 무엇인가?
"우~하하하하하, 짝짝짝"
행위가 있을 뿐, 행위자는 없다.
행위가 행위자다.

부처의 행이 부처다. (佛行是佛)
나의 행위가 나다. (我行是我)
부처의 행을 수행하라! (修行佛行)

아바타가 아미타바 염할 뿐!

23. 정토선 1 : 참선과 정토를 함께 닦으려면

고정된 실체로서의 나는 없다. (초기불교의 無我)
그러므로 어떠한 나도 만들 수 있다. (대승불교의 大我)
바로 지금 여기에서 나의 행위가 나다. (선불교의 是我)
가자, 가자, 건너가자. 완전하게 건너가자. (정토불교의 超我)

불교의 핵심은 무아無我다. 그러므로 대아大我로 만들 수 있
다. 바로 지금 여기서 나의 행위是我가 '나'다. 가자, 가자, 건너
가자. 완전하게 건너가자超我! 극락정토 건너가서 깨달음을 성
취하자!

조사선은 성품을 보아 부처 행을 닦을 뿐! (修行佛行)
묵조선은 몸으로써 다만 앉아있을 뿐! (只管打坐)
간화선은 마음으로 오직 화두 챙길 뿐! (看話一念)
정토선은 아바타가 '아미따바' 염할 뿐! (一心念佛)

인도불교의 명상법이 중국에서 조사선으로 태동했다. 조사선은 묵조선으로, 묵조선은 간화선으로, 간화선은 정토선으로 진화했다.

참선도 있고 정토도 있으면, 마치 뿔 달린 호랑이와 같아서 살아서는 사람들의 스승이 되고, 장래에는 불조가 될 것이다.
참선은 없어도 정토가 있으면, 만 사람이 닦아 만 사람이 가나니 단지 아미타불을 뵙기만 하면, 어찌 깨닫지 못할까 근심하리.

- 「선정禪淨 사료간四料簡」

명상실습
살아서는 극락처럼, 죽어서는 진짜 극락!

숨을 들이쉬며 아랫배가 일어나면 '아미' 라고 염念한다.
숨을 내쉬며 아랫배가 들어가면 '따바' 라고 염한다.

아바타가 아미타바 염할 뿐!

언젠가는 나도 흐뭇한 '라떼' 를

참선과 정토를 함께 닦아라.

:
:

나(관정법사)는 관세음보살님께 여쭈었다.

"어떻게 염불하는 것이 가장 좋은 방법이며, 어떻게 해야 가장 빠르게 깨칠 수 있습니까?"

그러자 관세음보살님께서 말씀하셨다.

"참선과 정토를 함께 닦아야 한다. 일심으로 염불하고, 염불하면서 참선하면, 이것을 정토선淨土禪이라고 하느니라."

"정토선을 어떻게 수행해야 하는지 가르쳐 주십시오."

"사람들이 두 반으로 나누어서 염불하는 것을 말한다. A반이 두 구절씩 '나무아미타불'을 외울 때, B반은 마음속으로 따라 듣기만 하고, 이어서 B반이 두 구절씩 '나무아미타불'을 외울 때 A반은 마음속으로 따라 듣기만 한다. 이러한 수행방법은 피곤하지도 않을뿐더러 염불이 끊어지지 않고 계속해서 이어지게 된다.

귀의 감각기관은 가장 영감이 뛰어나기 때문에 귀 안에서 스스로 염불하게 되는데, 이는 곧 마음으로 염불하는 것과 같다. 마음으로 염불하는 것과 소리로 하는 염불이 하나가 되면, 불성이 저절로 나타나게 된다. 결국 고요하면 마음의 안정이 생기고, 마음이 안정되면 바른 지혜가 생기는 법이다.

이곳(연화탑)은 여섯 시간으로 나누어 수행 정진하는데, 두 시간은 염불하고, 두 시간은 참선하며, 두 시간은 휴식한다."

마침내 구품연화를 다 돌아본 뒤, 아미타 부처님께 법을 청하니 말씀하셨다.

"중생의 불성은 한결같이 평등한데 의식이 뒤바뀌어 환상幻相을 진실로 여기고, 인연과보와 육도사생의 윤회가 끊이지 않아 그 고통은 이루 말할 수 없다. 사십팔원 가운데는 중생을 제도하는 서원이 있으니, 남녀노소 누구나 믿고信 원하고願 행함行으로써 일심불란하게 염불하면 그것이 곧 정토선이며, 바로 십념十念이 왕생을 결정하는 것이니라."

- 『극락세계 유람기』

24. 정토선 2 : 아바타가 '아미따바' 염할 뿐!

참선은 제상비상이라 살불살조하고
정토는 이상치상이라 활불활조하네.
상相으로써 상相을 다스리니
아바타가 '아미타바' 염할 뿐!

형상이 있는 것은 모두 허망하다. 몸도 아바타! 마음도 아바타! 중생도 아바타! 부처도 아바타! 사바도 극락도 가상현실이다. 한 마디로 모든 존재는 실체가 없다. 하지만 현상은 있다. 그러므로 작용을 한다. 상相에 매달리지도 말고, 무시하지도 말고, 선용善用해야 한다. 아바타가 '아미타바' 염할 뿐!

아바타로 바라보고 셀프감옥 탈출!
아미따바 함께 하니 사바감옥 탈출!
가자, 가자, 건너가자. 완전하게 건너가자!
극락정토 건너가서 깨달음을 성취하자!

우리는 이중감옥에서 살고 있다. 첫째는 몸과 마음이 '나'라고 굳게 믿는 셀프감옥, 둘째는 인과응보의 법칙이 지배하는 사바 감옥이다. 이러한 이중감옥에서 탈출하는 것이 진정한 해탈이다.

🧘 **명상실습**
살아서는 극락처럼, 죽어서는 진짜 극락!

숨을 들이쉬며 아랫배가 일어나면 '아미'라고 염송한다.
숨을 내쉬며 아랫배가 들어가면 '따바'라고 염한다.

그대로만 하면 상품상생이다

.
.
.

젊어서 노후 대비하는 이는 많지만, 늙어서 사후 대비하는 이는 많지 않다.

왜 그럴까? 죽으면 아무것도 없는 줄 알기 때문이다.

수십 년 전, 지리산 쌍계사에서 어떤 스님이 나무에 몸을 동여매고 분신자살하였다. 사십구재를 마치고 얼마 후, 부산에서 기도하러 온 보살이 소리소리 지르며 발버둥을 쳤다.

"앗 뜨거워! 앗 뜨거워! 죽으면 아무것도 없는 줄 알았는데!"

연유를 물으니, 보살의 입을 빌려 "큰 스님 회상에 오면 좋은데 보내줄 줄 알았는데, 49재 날 스님은 다른데 가고 나를 위해 법문을 해주지 않았으니, 내가 어찌 떠나겠느냐?"라고 하였다.

필자가 어린 시절, 돌아가신 할머니께서 부모님 꿈에 나타나 말씀하셨다.

"아이고, 다리가 아파 죽겠네! 다리가 아파 죽겠어!"

이런 꿈이 반복되니, 하도 이상해서 무덤을 파보았다. 산소에서 제법 떨어진 아카시아 나무뿌리가 파고 들어가, 뼈만 남은 앙상한 다리를 칭칭 감고 있었다.

이미 죽은 이가 다시 '다리가 아파 죽겠다'고 하소연하다니?

필자는 젊은 시절 동생들의 잇따른 죽음을 목격하고, 생사生死에 관심을 쏟기 시작했다. 오늘 죽을지 내일 죽을지 모르는데, 부귀영화가 무슨 소용이랴? 오로지 생사에서 해탈하는 법을 찾아왔다. 이제라도 그 방법을 정확히 알게 되었으니, 천만다행이다.

참선은 제상비상이라 살불살조하고
정토는 이상치상이라 활불활조하네.
상相으로써 상相을 다스리니
아바타가 '아미타바' 염할 뿐!

이 게송을 지어 부처님께 고하자, 곧바로 말씀하셨다.
"그대로만 하면 상품上品상생上生이다."

3장

25. 아바타명상 1(몸 보기) : 몸에 대해 몸을 보라.

전생의 일을 알고 싶은가?

금생의 모습을 보라.

내생의 일을 알고 싶은가?

금생의 행위를 보라.

- 『삼세인과경』

뭇 삶을 청정하게 하고, 슬픔과 비탄을 극복하고 고통과 근심
을 뛰어넘고, 바른 이치를 얻고, 열반을 실현시키는 단 하나의 길
이 있으니 그것은 바로 네 가지 대면 관찰의 확립이다.

- 『대념처경』

부처님께서 깨달음을 얻은 직후, 명상하며 사념처를 떠올리
셨다.

무아법에 밝으려면 네 가지로 관찰하세.
네 가지가 무엇인가?
몸에 대해 몸을 보고, 느낌 대해 느낌 보고
마음 대해 마음보고, 법에 대해 법을 보세.
거울 보듯 영화 보듯, 강 건너 불 구경하듯
대면해서 관찰하되, 아바타로 바라보세.

나의 고통은 '내'가 있기 때문이다. 나의 고통이 사라지려면 '내'가 사라져야 한다. 내가 사라지는 비결은 네 가지를 관찰하는 것이다. 몸, 느낌, 마음, 그리고 법法! 이 네 가지는 모두 실체가 없다. 다만 현상이 있을 뿐! 고정된 실체가 없고, 변화하는 현상만 있는 것을 아바타라 부른다.

🧘 **명상실습**
고통에서 해탈하기

아바타가 걸어간다. 아바타가 머무른다.
아바타가 앉아있다. 아바타가 누워있다.

아
바
타
가
아
미
타
바
염
할
뿐
!

천상에서 서로 모셔가려는 재가신도

재가신도인 담미까는 늙고 병들어 생명력이 사그라지기 시작했다. 그는 법문을 듣고 싶어 부처님께 스님들을 보내주도록 청했다. 스님들은 부처님의 지시에 따라 그에게 가서 『대념처경』을 암송했다.

그 순간 욕계 여섯 천상에서 천신들이 화려하게 장식한 황금 마차를 타고 내려왔다. 각 마차에 타고 있는 천신들은 서로 자기 마차에 타기를 재촉했다.

"마치 낡은 진흙 접시를 부셔버리고 황금 접시를 사용하듯이, 낡은 인간의 몸을 버리고 천상에 태어나 천상의 즐거움을 누리도록 하십시오."

그러나 이 마차들은 다른 식구들의 눈에는 보이지 않았다.

"아버지, 마차가 어디 있나요? 우리 눈에는 보이지 않아요."

"혹시 가지고 있는 꽃다발이 있느냐?"

"있습니다. 아버지."

"어느 천상세계가 가장 좋은가?"

"부처님의 어머니가 머무는 곳, 미래에 부처님이 되실 보살께서 머무시는 곳, 바로 도솔천이 가장 즐거운 곳입니다."

"그럼, '이 꽃다발이 도솔천의 마차에 걸리기를!' 이라고 말하면서 공중으로 던져라."

아들딸들이 꽃다발을 던지자, 공중에 멈추어 있는 마차의 장대에 걸렸다.

이에 담미까가 말했다.

"꽃다발이 도솔천에서 내려온 마차에 걸려있다. 나는 도솔천에 가련다. 너희도 나와 함께 살고 싶다면, 열심히 공덕을 쌓고 법에 의지해 살아라."

담미까는 곧 바로 화려한 장신구로 치장한 옷을 입고 키 큰 천신으로 태어나 천명의 천녀들이 시중드는 거대한 황금궁전에서 살았다.

부처님께서는 이를 말씀하시고 게송을 읊으셨다.

선행을 하는 이는 금생에서 즐거워하고,
내생에서 즐거워한다.
그는 자기가 지은 선행을 떠올리고,
참으로 즐거워한다.

－『법구경 이야기』

133

⋮

26. 아바타명상 2(몸 보기) : 몸은 내가 아니다.

내게 자식이 있고 재산이 있다고
어리석은 자들은 집착하네.
제 몸도 자기 것이 아니거늘
어찌 자식과 재산이 자기 것이랴?

-『법구경』

몸은 내가 아니다. 나의 것이 아니다. 나의 자아가 아니다.
마음도 내가 아니다. 나의 것이 아니다. 나의 자아가 아니다.
이와 같이 관찰하라.
이와 같이 관찰하면 애착에서 벗어나고 고통에서 해탈한다.

-『무아경』

끊임없이 변화하는 몸과 마음은 '진실한 나'가 아니다. 고정
된 실체가 없기 때문이다. 어제의 나와 오늘의 나는 다르다.

오늘의 나와 내일의 나도 다르다. 다만 변화하는 현상이 있을 뿐이다.

걸어가면 '걸어간다', 머무르면 '머무른다'
앉았으면 '앉아있다', 누웠으면 '누워있다'
늙어가면 '늙어간다', 병이 들면 '병들었다'
죽어가면 '죽어간다', 아바타로 관찰하세.

먼저 자신의 몸을 관찰한다. 행·주·좌·와, 노·병·사를 있는 그대로 관찰한다.

명상실습

고통에서 해탈하기

아바타가 걸어간다. 아바타가 머무른다.
아바타가 앉아있다. 아바타가 누워있다.

거지로 태어난 대부호

사왓티의 재정관 아난다는 대부호였지만 남에게 베푸는 마음이 조금도 없었다. 심지어는 자식들도 모르게 보물단지를 감추어놓고 혼자 즐기곤 하였다. 그러던 어느 날 그는 갑자기 죽어 거지 여인의 태에 들어가게 되었다.

그가 거지 여인의 태에 들어간 후부터, 그녀가 속한 거지집단은 구걸이 도통 되지 않았다. 얻어먹는 것도 그만한 복분福分이 있어야 하는 것이다. 한 마디로 거지 여인이 '재수 옴 붙은 아이'를 밴 후부터 얻어먹는 것도 힘들어진 것이다. 과거 생에 전혀 남에게 베풀지 않았기 때문이다.

그러자 거지집단은 인원을 반반씩 나누어 구걸을 가는 방법을 통해 결국 이 여인을 찾아내 조직에서 즉각 추방했다. 이 여인은 홀로 쓰레기통을 뒤져가며 겨우 연명해 물라시리를 낳았고, 그 또한 쓰레기통을 뒤져가며 겨우 연명하는 신세가 되었다.

어느 날 왠지 낯익은 과거 생 자신의 집 앞에 도달한 물라시리

는 마침 문간에서 놀던 자신의 손자와 마주쳤다. 그 손자는
누추하기 짝이 없는 물라시리의 모습에 놀라서 울음을 터뜨렸
으며, 이를 본 하인들이 달려와 물라시리를 두드려 패고 쓰레기
더미에 던져버렸다.

때마침 근처를 지나시던 부처님께서 물라시리를 불러오게
하자, 많은 사람들이 뒤따라왔다. 부처님께서 그 거지 아이가
바로 물라시리의 아버지인 재정관 아난다의 후생이라고 밝혀
주셨다. 이를 믿지 못하는 사람들 앞에서 부처님께서는 거지
아이에게 과거 생에 숨겨둔 보물단지를 찾아내도록 하였다.

이 아이가 다섯 개의 보물 항아리를 찾아 보여주자, 물라시리는
그 아이가 아버지인 것을 인정하고 부처님께 귀의하게 되었다.
부처님께서는 그에게 법문하시고 게송을 읊으셨다.

내게 자식이 있고 재산이 있다고
어리석은 자들은 집착하네.
제 몸도 자기 것이 아니거늘
어찌 자식과 재산이 자기 것이랴?

- 『법구경』

아바타가 아미타바 염할 뿐!

27. 아바타명상 3(느낌 보기) : 다만 느낄 뿐!

보기 좋고 보기 싫고, 듣기 좋고 듣기 싫고
향기롭고 냄새나고, 맛이 좋고 맛이 없고
부드럽고 딱딱하고, 좋은 느낌 나쁜 느낌
무덤덤한 느낌들을 있는 대로 관찰하세.
탐욕 · 성냄 · 어리석음
시기 · 질투 · 고와 낙을
있는 대로 관찰하세.

좋은 느낌 · 나쁜 느낌 · 무덤덤한 느낌을 따라다니지 말고, 있는 그대로 관찰한다.

좋은 느낌에 얽매어 세속의 즐거움을 추구하면, 또 다시 태어나 늙어간다. 덫에 걸린 토끼처럼 족쇄와 속박에 묶여 괴로움을 겪는다.

세 가지 느낌이 있나니, 즐거운 느낌과, 괴로운 느낌과, 무덤덤한 느낌이다.

즐거운 느낌도 무상하고, 형성된 것이고, 조건 따라 일어난 것이고, 부서지기 마련이다. 괴로운 느낌도 무상하고, 형성된 것이고, 조건 따라 일어난 것이고, 부서지기 마련이다. 무덤덤한 느낌도 무상하고, 형성된 것이고, 조건 따라 일어난 것이고, 부서지기 마련이다.

이와 같이 보는 잘 배운 제자는 즐거운 느낌도 염오厭惡하고, 괴로운 느낌도 염오하고, 무덤덤한 느낌도 염오한다. 염오하기 때문에 탐욕이 빛바랜다. 탐욕이 빛바래므로 해탈한다. 해탈했을 때 해탈했다는 지혜가 생긴다.

-『디가나카 경』

사리자는 출가한지 보름이 지나 부처님께서 자신의 조카인 디가나카에게 가르침을 설하실 때, 뒤에서 부채질을 하며 게송을 듣고 깨달아 아라한이 되었다.

🧘 명상실습
고통에서 해탈하기

느낌이 좋구나. 느낌이 나쁘구나. 느낌이 무덤덤하구나.
다만 느낄 뿐! 느끼는 자는 없다. 이것뿐!

오백 명의 천녀를 보증하신 부처님

:
:
:

얼떨결에 출가한 난타는 출가생활이 지겹다고 자주 불평을 늘어놓았다. 부처님께서는 이 말을 전해 듣고 난타를 불러 물었다.

"난타여, 수행하며 사는 삶이 어찌 불만족스러운가?"

"부처님이시여, 제가 집을 떠날 때 절세미녀인 루빠난다가 머리를 풀어 헤치고 뒤쫓아 오면서 빨리 돌아오라고 외치는 소리가 아직도 귓가를 떠나지 않습니다. 저는 계를 반납하고 속세로 돌아가고 싶습니다."

부처님께서는 난타의 팔을 잡고 신통으로 삼십삼천에 올라가시며, 도중에 화상을 입은 원숭이 한 마리를 보여주셨다. 또한 삼십삼천에 도착하여 오백 명의 아름다운 핑크빛 발을 가진 천녀들을 보여주셨다. 그리고 난타에게 물으셨다.

"난타여, 그대가 사랑하는 절세미녀와 이 오백 명의 아름다운 천녀들을 비교하면, 어느 쪽이 더 아름답고 사랑스러운가?"

"부처님이시여, 이 천녀들에 비하면 제 아내는 화상 입은 원숭이 정도밖에 되지 않습니다."

"기뻐하라, 난타여! 네가 열심히 수행하여 깨달음을 얻는다면, 오백 명의 아름다운 핑크빛 발을 가진 천녀들을 얻게 된다는 것을 내가 보증하노라."

이 말을 들은 난타는 기쁜 마음으로 수행 정진하여 아라한이 되었으며, 부처님께 다가와 말씀드렸다.

"부처님이시여, 예전에 저에게 수행을 완성하면 오백 명의 아름다운 핑크빛 발을 가진 천녀들을 얻게 된다고 보증하신 그 약속을 철회하여 드립니다."

"난타여, 네가 세상에 대한 집착에서 벗어나고 번뇌로부터 해탈한 순간, 나는 이미 그 약속에서 벗어났다."

부처님께서는 마음에서 일어나는 감흥을 조용히 읊으셨다.

감각적 욕망의 진흙수렁을 건넌 사람
욕망의 가시를 뽑아버린 사람
어리석음에서 벗어나 열반에 이른 사람
그런 사람은 즐겁거나 괴롭거나 마음에 흔들림이 없다.

- 『법구경 이야기』

141

28. 아바타명상 4(느낌 보기) : 느끼는 자는 없다

눈을 잘 지키는 것이 좋고, 귀를 잘 지키는 것이 좋다.

코를 잘 지키는 것이 좋고, 혀를 잘 지키는 것이 좋다.

몸을 잘 지키는 것이 좋고, 입을 잘 지키는 것이 좋다.

마음을 잘 지키는 것이 좋고, 모든 감각의 문을 잘 지키는 것이 좋다.

감각의 문을 잘 지키는 수행자는 모든 괴로움에서 벗어난다.

- 『법구경』

석존께서 과거 전생 베나레스의 왕자였을 때, 왕이 되기 위해 딱실라로 가게 되었다. 다섯 명의 신하가 호위무사를 자처하고 따라나섰지만 차례로 약키니의 유혹에 넘어가 잡아먹혔다. 하지만 보디삿따는 끝내 약키니의 유혹을 이겨내고 딱실라의 왕이 되었다.

케마여, 어리석은 이들이 집착하는 몸을 보라.
늙고 병들게 되며 배설물과 분비물이 흐르는 불결한 이 몸을!

거미가 자신이 쳐놓은 거미줄에 얽매이듯
욕망에 빠진 사람은 욕망의 물결에 휩쓸려간다.
지혜로운 이는 이것을 잘라버리고
괴로움에서 벗어나 무욕에서 노닌다.

빔비사라왕의 아름다운 왕비였던 케마는 이 게송을 듣고 아라한과를 얻어 출가했다. 어느 날 제석천왕이 천신들을 거느리고 하늘에서 내려와 법문을 듣고 있을 때, 케마 비구니를 보고 부처님께 누구인지 물었다.

"그녀는 나의 딸 케마입니다. 도를 잘 아는 지혜제일의 비구니입니다."

🧘 명상실습
고통에서 해탈하기

느낌이 좋구나. 느낌이 나쁘구나. 느낌이 무덤덤하구나.
다만 느낄 뿐! 느끼는 자는 없다. 이것뿐!

아바타가 아미타바 염할 뿐!

감각의 문을 잘 지켜야 해탈한다.

·
·
·

　다섯 명의 비구들이 각각 다섯 감각의 문(눈·귀·코·혀·몸)중 하나를 지키고 보호하는 수행을 하고 있었다. 어느 날 그들은 서로 만나 자신이 다스리는 감각의 문이 수행하기 가장 어려운 문이라고 주장하였다. 부처님께서는 말씀하셨다.

　"비구들이여, 모든 문이 다 지키고 보호하기 어려운 것이다. 그대들이 감각의 문을 다스리지 못한 것은 이번이 처음이 아니다. 과거 생에도 감각의 문을 다스리지 못해 죽음을 당한 적이 있다."

　"먼 옛날 나는 베나레스의 왕자였는데, 형제들이 많아 베나레스에서는 왕이 될 수 없었다. 그래서 벽지불에게 어디 가면 왕이 될 수 있는지 묻자, 딱실라에 가면 왕이 될 수 있다고 했다. 하지만 딱실라로 가는 길에는 약키니들이 있어서 형상·소리·냄새·맛·감촉으로 시험하여 유혹에 넘어가면 잡아먹는다고 했다.

나에게는 다섯 명의 부하들이 있었는데, 바로 그대들이었다. 내가 딱실라 왕국을 얻기 위해 출발하자, 그대들은 무기를 들고 따라나섰다. 길을 가는 도중에 약키니들이 나타나 유혹하기 시작했다. 한 명은 요정처럼 아름다운 형상에 유혹당해 잡아먹혔다. 또 한 명은 달콤한 목소리에 유혹당해 잡아먹혔다. 또 한 명은 향기로운 냄새에 유혹당해 잡아먹혔다. 또 한 명은 향기로운 냄새에 유혹당해 잡아먹혔다. 또 한 명은 감미로운 맛에 유혹당해 잡아먹혔다. 또 한 명은 부드러운 감촉에 유혹당해 잡아먹혔다. 나는 감각의 문을 잘 다스려 무사히 딱실라에 도착하여 왕이 되었다.

비구들이여, 모든 감각의 문을 잘 보호하라. 감각의 문을 굳게 지키고 보호해야 모든 고통에서 해탈할 수 있다.”

부처님께서는 이어서 게송을 읊으셨다.

눈을 잘 지키는 것이 좋고, 귀를 잘 지키는 것이 좋다.
코를 잘 지키는 것이 좋고, 혀를 잘 지키는 것이 좋다.
몸을 잘 지키는 것이 좋고, 입을 잘 지키는 것이 좋다.
마음을 잘 지키는 것이 좋고, 모든 감각의 문을 잘 지키는 것이 좋다.
감각의 문을 잘 지키는 수행자는 모든 괴로움에서 벗어난다.

- 『법구경』

145

아바타가 아미타바 염할 뿐!

29. 아바타명상 5(마음보기) : 알아차려라

과거의 네 마음은 정처 없이 방황하여
좋은 느낌을 따라다니며 즐겼다.
이제는 네 마음을 현명하게 다스려라.
조련사가 발정 난 코끼리를 뾰족한 쇠끝으로 다스리듯!

-『법구경』

환속하려던 사누 사미에게 마음을 잘 다스려야 함을 설하
시다.

주의 깊게 알아차림은 죽음을 벗어나는 길
알아차림이 되지 않음은 죽음의 길
주의 깊게 알아차리는 이는 죽어도 죽지 않으며
알아차림이 되지 않는 이는 살아도 죽은 자와 같네.

-『법구경』

잡념이 일어나면 곧바로 알아차리려.
알아차리면 곧 사라지리라.

- 「좌선의」

마음보기의 핵심은 알아차림에 있다. 잡념이 일어나면 곧바로
알아차리고, 다시 본래의 수행으로 돌아간다. 빠를수록 좋다.

🧘 명상실습
고통에서 해탈하기

볼 때는 '본다.'고 알아차린다.
느낄 때는 '느낀다.'고 알아차린다.
갈애가 일어나면 '갈애가 일어났다.'고 알아차린다.
분노가 일어나면 '분노가 일어났다.'고 알아차린다.
갈 때는 '간다.'고 알아차리고, 멈추면 '멈춘다.'고
알아차린다.
언제 어디서 무엇을 하든 나의 몸과 마음에서 일어나는
모든 현상을 아바타의 것으로 관찰하며 알아차린다.

발정 난 코끼리 다스리듯!

.
.
.

    사누 사미는 비구스님들을 대신해 법상에 올라 게송을 대신 독송한 일이 있었다. 그리고 게송을 독송한 공덕을 과거와 현재의 모든 부모님들께 회향한다고 말했다. 이때 전생의 어머니는 죽어서 귀신이 되어 있다가, 이를 알고 매우 기뻐하였다. 이 공덕으로 다른 귀신들로부터 존경을 받았고, 천상의 신들이 모인 자리에서도 상석에 앉을 수 있었다.

    그런데 사누 사미가 나이가 찼을 때, 세속에 돌아가 살고 싶을 뿐 비구가 될 생각이 없었다. 전생의 어머니는 이를 막아야겠다고 생각하여, 사누의 몸으로 들어갔다. 그러자 사누는 알아듣지 못할 소리를 질러댔고, 고개를 앞뒤로 돌리며 눈동자를 이리저리 굴렸다. 이때 귀신은 사누의 입을 빌려 말했다.

    "사누 사미는 어리석게 부처님의 승가를 떠나 세속인이 되려하고 있소. 만약 그렇게 한다면, 그는 모든 고통을 벗어나지 못할 것이오."

이렇게 외치고 사누의 몸에서 빠져나갔다. 정신을 차린 사누는 자기 주변에 수많은 사람들이 모인 것을 보고 매우 놀랐다. 그가 기억하는 것은 방 안에서 어머니가 해주는 음식을 기다리고 있었다는 것뿐이었다. 금생의 어머니는 아들에게 일어났던 일을 말해 주었다. 사누는 그제야 자기의 생각이 어리석었음을 깨닫고, 수도원으로 돌아가 비구가 되었다.

비구가 된 뒤 그는 부처님께 지난날 잘못된 생각으로 큰 과오를 저지를 뻔했다는 것을 말씀드렸다. 이때 부처님께서 다음과 같이 말씀하셨다.

"여래의 아들이여, 감각적 욕망을 추구하며 마음을 다스리지 못하는 자는 항상 고통 속에 살게 되어 행복을 찾지 못한다. 그러므로 너는 코끼리 조련사가 코끼리를 다루듯이 네 마음을 잘 억제하고 다스려야한다."

그리고 게송을 읊으셨다.

과거의 네 마음은 정처 없이 방황하여
좋은 느낌을 따라다니며 즐겼다.
이제는 네 마음을 현명하게 다스려라.
조련사가 발정 난 코끼리를 뾰족한 쇠끝으로 다스리듯!

- 『법구경 이야기』

30. 아바타명상 6(마음보기) : 내보내라

마음은 다스리기 어려우니 항상 좋아하는 곳으로 빠르게 치닫
는다.
마음을 길들여야 훌륭하나니 길들여진 마음이 행복을 가져온다.
- 『법구경』

신통력이 있는 재가신도를 두려워한 비구에게 부처님께서 오직
마음 하나만을 잘 보호하도록 권하시다.

마음에 스트레스가 일어나더라도
'스트레스가 없었으면' 하는 알음알이를 일으키지 말라.
만약에 그런 생각이 일어나면,
닉네임을 붙여 일어나는 곳을 살펴보고 분별심이 일어날 때에도,
닉네임을 붙여 분별하는 곳을 살펴보라.

탐욕·성냄·어리석음이 일어나면,
곧 닉네임을 붙여 일어나는 곳을 살펴보아라.
더 이상 일어나지 않으면 곧 이것이 도 닦은 것이다.

- 『이입사행론』

범부는 잡념이 생겨나서 머물렀다 사그라져야, 비로소 알아차린다. 초발심보살은 잡념이 생겨나서 머무르는 동안, 알아차려 내보낸다. 일정 경지에 오른 보살은 잡념이 일어나자마자, 알아차려 내보낸다. 보살십지에 이른 이는 방편으로 생각 일으키나, 일으켰다는 생각이 없다.

- 『대승기신론』

 명상실습
고통에서 해탈하기

몸과 마음을 자신과 동일시해서는 안 된다. 몸과 마음을 자신과 동일시하면 탐욕, 성냄, 어리석음이 일어난다. 번뇌가 일어났다고 쫓아내려고 해서도 안 된다.
흘러가는 구름처럼, 흘러가는 강물처럼 일어나고 사라지는 현상들을 알아차려야 한다. 번뇌를 자신과 동일시해서도 안 되고, 나쁜 생각이 일어났다고 죄의식을 느낄 필요도 없다. 번뇌는 나의 것이 아니고 아바타의 것이다. 그러므로 판사가 되지 말고, 관찰자가 되어 아바타의 현상으로 알아차려야 한다.

신통력이 생긴 재가신도

⋮

　육십 명의 비구들이 부처님에게 명상수행에 관한 설법을 듣고 수행에 적합한 장소를 찾다가 어떤 마을에 이르렀다. 그 마을 촌장 마띠까의 어머니는 비구들이 거처할 수도원을 짓고, 필요한 모든 물품과 음식을 공급하였다.

　한편 자신도 스님들에게 명상법을 배워 수행을 열심히 하였고, 얼마 안 되어 아나함과를 성취했으며 신통력도 생겼다. 그래서 신통으로 비구들을 살펴보니 아직 깊은 경지에 이르지 못한 것을 알았으며, 바로 음식이 문제였다.

　그래서 그녀는 각종 쌀죽과 여러 가지 견고하고 부드러운 음식에 향미를 넣어 비구들에게 공양 올렸다. 그러자 비구들의 마음은 안정을 찾기 시작했고, 결국 삼매를 이루어 아라한과를 성취하였다.

　그때 다른 비구가 마띠까의 어머니가 비구들을 잘 공양한다는 말을 듣고, 자기도 그곳에 가서 수행하고 싶어졌다. 하지만 막상 가보니, 그 여인이 타심통이 열려있음을 알고 점차 불안해졌다.

"생각이란 쉽게 다스려지지 않는 것이어서, 때로는 좋은 생각도 하고 때로는 나쁜 생각도 하기 마련인데, 이 여자는 내 마음을 다 알 게 아닌가?"

그래서 그곳을 떠나 부처님께 돌아가니, 부처님께서는 그곳이야말로 그 비구가 꼭 머물러 수행해야할 장소라고 말씀하시며, 게송을 읊으셨다.

"비구여, 너는 이제부터 네 마음 하나만을 잘 보호하도록 하라. 마음은 매우 보호하기 어렵고 다스리기 어려운 것이니라. 비구여, 너는 이제부터 너 자신에 관한 일이 아니면 상관하지 말라."

마음은 다스리기 어려우니
항상 좋아하는 곳으로 빠르게 치닫는다.
마음을 길들여야 훌륭하나니
길들여진 마음이 행복을 가져온다.

그 비구는 다시 마띠까 마을로 돌아가 수행을 했고, 머지않아 아라한과를 성취했다.

- 『법구경 이야기』

아바타가 아미타바 염할 뿐!

31. 아바타명상 7(법보기) : 몸과 마음은 아바타

이 몸은 살과 피로 덮여 있고
뼈 무더기로 쌓아올린 하나의 묶음!
그 안에 교만과 비방, 늙음과 죽음이
함께 머무르고 있다네.

- 『법구경』

몸에 대한 집착이 강했던 절세미녀 루빠난다는 이 게송을 듣고
아라한과를 성취했다.

여래가 설하는 마음이라 하는 것은
모두 마음 아니므로, 그 이름이 마음일 뿐이니라.
왜냐하면 수보리야
과거심도 현재심도 미래심도 얻을 수가 없느니라.

모든 존재는 마치 꿈·아바타·물거품·그림자·이슬·번갯불과 같다.

이와 같이 관찰하라.

- 『금강경』

모든 고통 벗어나는 비결은 몸과 마음을 아바타라 관찰하는 것이다. 그럴 때, 나의 고통이 아바타의 고통으로 치환된다. 나는 관찰자의 입장에서 다만 관찰할 뿐이다.

 명상실습

고통에서 해탈하기

이 아바타가 저 아바타를 애착하고 있구나.
이 아바타가 저 아바타에게 성을 내는구나.
이 아바타가 근심 걱정하고 있구나.

절세 미녀 루빠난다

:
:
:

난타 장로의 출가 전 약혼녀였던 루빠난다는 뛰어난 미모를 가지고 있었다. 하지만 난타도 출가하고 그녀의 어머니마저 출가하자, 하는 수 없이 자신도 비구니가 되었다. 하지만 자신의 미모가 대단하다 생각하고, 자신의 몸에 대한 집착이 매우 강하였다.

그녀가 사원에 들어오자, 부처님은 신통력으로 열여섯 살의 빼어나게 아름다운 처녀를 만들어 당신과 루빠난다, 둘만 이 여인을 볼 수 있게 하셨다. 루빠난다가 이 여인을 보니, 자신은 황금백조 앞의 까마귀 꼴이었다. 그녀에게서 눈을 떼지 못하고 쉴새 없이 감탄사를 발하였다.

그러자 부처님께서는 그 처녀를 이십 살 먹은 여인으로 변하게 했다. 다시 애 하나 낳은 여인으로 변하게 하고, 중년여인으로 변하게 하고, 마침내 늙어빠진 할머니로 변하게 했다. 다시 그녀의 몸이 병들어 부풀어 오르더니 누런 고름이 흘러나오고,

구더기가 꾸물거리며 기어 나왔다. 이윽고 까마귀와 개들이 달려들어 뜯어먹기 시작했다. 루빠난다가 이러한 모습을 보고 생각했다.

"바로 이 자리에서 여인이 늙고 병들어 죽었듯이, 나의 몸도 늙고 병들어 죽을 것이다."

그녀는 이렇게 자신의 몸을 무상한 것으로 바라보게 되었다. 무상하다고 바라보게 되자, 자신의 몸이 괴로운 것이고 실체가 없는 것이라고 새롭게 인식하게 되었다. 부처님께서는 이를 알고 게송을 읊으셨다.

이 몸은 살과 피로 덮여 있고
뼈 무더기로 쌓아올린 하나의 묶음!
그 안에 교만과 비방, 늙음과 죽음이
함께 머무르고 있다네.

이 게송을 듣고 루빠난다는 아라한과를 성취했다.

- 『법구경 이야기』

아
바
타
가
아
미
타
바
염
할
뿐
!

32. 아바타명상 8(법보기) : 산하대지는 허공의 꽃

마치 눈동자가 피로해지면
허공의 꽃이 어지럽게 일어나는 것처럼
일체 세간의 산하대지가
수고롭게 전도된 꽃의 모습이니라.

- 『능엄경』

산하대지는 허공의 꽃空華이다. 허공의 꽃이란 가상현실을 의
미한다. 몸은 생로병사生老病死하고, 마음은 생주이멸生住異滅하
며, 우주는 성주괴공成住壞空한다. 결국 몸과 마음은 아바타요,
이 세상은 가상현실인 것이다.

사바세계는 삼사라(윤회) 메타버스
극락세계는 니르바나(열반) 메타버스
가자, 가자, 건너가자. 완전하게 건너가자!
살아서는 극락처럼! 죽어서는 진짜 극락!

사바세계는 이진법二進法으로 설정된 윤회게임 가상현실이요,
극락세계는 공진법空進法으로 설정된 해탈게임 가상현실이다.
무한 반복하는 사바의 윤회에서 벗어나고자 한다면, 해탈게임
으로 옮겨가는 것이 급선무다.

고정된 실체로서의 나는 없다. 무아無我 초급반
그러므로 어떠한 나도 만들 수 있다. 대아大我 중급반
바로 지금 여기서 나의 행위가 나다. 시아是我 고급반
가자, 가자, 건너가자. 완전하게 건너가자. 초아超我 졸업반

 명상실습
고통에서 해탈하기

이 아바타가 저 아바타를 애착하고 있구나.
이 아바타가 저 아바타에게 성을 내는구나.
이 아바타가 근심 걱정하고 있구나.

159

아라한이 된 스토커

:
:
:

이른 아침에 존자 아난은 옷을 입고 발우를 지니고 성안으로 들어가 걸식을 하였다. 우물가에 한 여인이 있었는데, 항아리를 가지고 와서 물을 기르려고 하였다. 장로 아난이 그곳으로 다가가서 말을 건넸다.

"여인이여, 저는 지금 갈증이 심하여 물을 꼭 마시고 싶습니다. 적은 물이라도 주시면 진정 고맙겠습니다."

그러자 그 여인은 곧 깨끗한 물을 아난에게 건네주었다. 이 여인은 아난의 용모와 음성에 반하여 욕망이 맹렬히 일어나 깊이 애착하게 되었다. 그녀는 마침내 주술에 능한 어머니를 졸라 아난을 불러오게 했다.

존자 아난은 마음이 미혹되어 자신도 깨닫지 못하는 사이에 전타라의 집으로 찾아왔다. 그때 여래께서는 청정한 천안天眼으로 아난이 그 여인에 의해 미혹되고 있는 것을 보시고, 그를 옹호하기 위하여 주呪를 송하셨다. 아난은 부처님의 위신력으로 다시 기원정사로 돌아왔고, 세존께서는 아난을 따라온 그 여인에게 말씀하셨다.

"만약 그대가 아난을 남편으로 삼고 싶다면, 출가하여 그 몸가짐과 격식을 배워야만 한다."

그녀는 곧 사문이 되었으니, 머리카락이 저절로 떨어지고 법의가 몸에 입혀졌다. 부처님께서는 곧 법을 설하시어, 이로움과 기쁨에 관한 내용을 가르쳐 보이셨다. 이른바 보시에 관한 말씀과 계에 관한 말씀과 천상에 태어나는 것에 관한 말씀을 설하셔서, 욕망은 깨끗하지 못하니 벗어나는 것이 가장 훌륭하다고 가르치셨다.

그때 비구니는 이런 말씀을 듣고서, 마음 깊이 즐거워하며 생각이 바뀌어 조복되었다. 이때 세존께서는 이 비구니의 마음이 유연해져 온갖 번뇌의 장애를 떠났다는 것을 아시고, 4성제를 널리 설하셨다. 그러자 비구니는 환하게 생각이 풀리어 4성제를 이해했으니, 마치 희고 깨끗한 백색 천에 염색물이 잘 드는 것과 같았다. 그녀는 그 자리에서 아라한과를 얻어 다시는 물러나거나 옮기지 않았으며, 다른 가르침을 따르지 않게 되었다.

- 『마등가경』

아바타가 아미타바 염할 뿐!

4장

33. 아미타명상 1 : 사바는 윤회게임 가상현실

만일 어떤 사람이 지금 화를 낸다면, 나는 그에게 말하리라.

만약 지금 그대가 목숨을 마친다면 바로 지옥에 떨어질 것이라고. 왜냐하면 마음으로 악한 행을 했기 때문이다.

만일 어떤 사람이 지금 착한 일을 한다면, 나는 그에게 말하리라.

만약 지금 그대가 목숨을 마친다면 바로 극락에 태어날 것이라고. 왜냐하면 마음으로 착한 행을 했기 때문이다.

- 『증일아함경』 4

사왓띠의 기원정사에서 부처님께서 제자들에게 지옥 가기가 얼마나 쉽고, 극락 가기가 얼마나 쉬운지에 대해 말씀하셨다.

극락 가기 쉽지마는, 가려 하는 이가 없네. 극락으로 가는 것은 그 누구도 방해하지 못 하나니, 아미따바 대원력에 이끌려서

절로 가기 때문이네.

어찌하여 세상일에 취하여서 부처되는 지름길을 구하고자 아니하나?

극락세계 왕생하면 그 수명이 한량없고 즐거움도 끝없으며, 성불함이 결정되네.

-『무량수경』

지옥도 극락도 모두 실체가 있는 것은 아니다. 다만 현상現象이 있을 뿐! 그러므로 작용을 한다. 선용善用하는 것이 지혜다. 실체가 있다고 매달리면 상相에 떨어지고, 현상마저 무시하면 공空에 떨어진다.

🧘 명상실습

고통에서 벗어나 즐거움을 얻는다.[離苦得樂]

오른발에 '아미' 왼발에 '따바'를 염하면서 걷는다.

:
:
:

처음에는 말도 안 된다고 생각했다. 게임에서 탈락한 자는 곧바로 죽는다고? 감당할 수 없는 빚을 지고 삶의 벼랑 끝에 서 있는 사람들이라고는 해도, 탈락하면 곧바로 사살당하는 서바이벌 게임에 자발적으로 참여할 리가 있나? 이것은 단지 드라마일 뿐, 현실성이 너무 떨어진다고 생각했다.

다시 '오징어 게임' 시즌2를 보면서, 어찌 보면 사바세계의 윤회게임과 유사한 바가 많다고 생각되었다. 게임의 자발적 참여와 승자독식, 그리고 모든 이가 죽는다는 점이 그러하다.

도무지 납득할 수 없는 이런 게임을 끝장내려고, 지난 게임의 유일한 우승자인 주인공(456번)은 일부러 다시 그 게임에 들어가 큰 소리로 외친다.

"이 게임을 계속 하면 전부 다 죽을 겁니다. 여기서 나가야 돼요."

하지만 사람들은 그의 말을 듣지 않는다. 참가자가 많이 죽을

수록 자신의 상금이 늘어나는 이해상충에 도취되어, 계속해서 '한판 더'를 외친다. 물론 생존자 과반수가 동의하면 게임을 멈출 수 있지만, 절대 그렇게는 되지 않는다. 세상이 바뀌지 않는 한, 게임은 지속되는 것이다.

사바세계 또한 마찬가지다. 그 안에 있는 한, 생사윤회는 결코 끝나지 않는다. 끝내고 싶다면, 극락으로 가야 한다. 그래서 필자는 외친다.

"이 (윤회)게임을 계속 하면 끊임없이 죽을 겁니다. 여기서 나가야 돼요."

과연? 사바예토는 윤회게임방이다. 고와 낙, 생과 사의 이진법二進法이 지배한다. 극락정토는 해탈게임방이다. 고통은 없고 즐거움만 있으며, 수명이 무량한 진공묘유의 공진법空進法으로 이루어졌다. 가기만 하면 성불이 결정되는 정정취正定聚다.

이를 믿고, 가기를 원하고, 아미따 명상을 하면 된다. 아미따불의 본명인 '아미따바'를 염念하면 몸과 마음이 경쾌해지고, 무생법인을 성취하며, 천신과 인간들이 모두 공경한다. 내생에는 극락에 태어나 마침내 성불한다.

다시 「오징어 게임」 같은 윤회게임을 무한 반복할 것인가? 이제라도 정신 차리고 해탈게임방으로 옮겨 갈 것인가?

34. 아미타명상 2 : 극락은 해탈게임 가상현실

사바세계 중생들은 젊었거나 늙었거나, 가난하건 부유하건 소유욕에 시름하네.

한 가지를 소유하면 다른 하나 부족하고, 이것 하나 있게 되면 저것 하나 부족하여, 이것저것 다 가지려 애를 쓰며, 어쩌다가 다 가져도 금방 잃고 마느니라.

- 『무량수경』

몸과 마음은 아바타幻요, 세상은 허공의 꽃호華과 같은 가상현실이다. 사바는 윤회게임 가상현실이며, 극락은 해탈게임 가상현실이다. 무한 반복되는 생사윤회에서 벗어나고 싶다면 게임방을 옮기는 것이 최선이다.

극락정토 왕생하면 청정한 몸, 묘한 음성 갖추고서, 의식주와 장엄구가 생각대로 나타난다. 만약 음식 생각하면 칠보 그릇 나타나되, 백 가지 맛 음식들이 생각대로 담겨있어, 빛깔 향기 감지하면 먹었다는 생각 들고 자연스레 배부르네. 맛에 집착 하지 않고, 공양하기 끝마치면 음식들이 사라지네.

- 『무량수경』

극락에 태어나는 몸은 육신이 아니다. 늙고 병들고 죽지 않는다. 또한 의식주와 장엄구가 생각만 하면 생각대로 나타난다. 예컨대 음식을 준비하려 시장에 갈 필요가 없고, 조리할 필요가 없으며, 씹어 소화시킬 필요도 없고, 설거지할 필요도 없다. 진공묘유의 세계에서 홀로그램같은 몸으로 살아갈 뿐이다.

모든 존재는 허상이니 집착하지 말라. (제상비상)
허상 떠나 실상 없다. 무시하지도 말라. (실상무상)
아바타 부처로 아바타 중생 치유하니 (이상치상)
아바타가 아미따바 염할 뿐! (상품상생)

 명상실습
고통에서 벗어나 즐거움을 얻는다.

다 같이 합장하고 '나무아미타불' 2번씩 주거니 받거니

해탈게임 패스워드

　어떤 유명한 선사에게 한 무사가 찾아와 물었다. "스님! 극락과 지옥은 실제로 존재하는 것입니까?" "그대는 무얼 하는 사람인가?" "저는 호위무사입니다." "도대체 당신 같은 사람에게 호위를 맡기는 이가 누군지 궁금하군. 머저리 같은 자에게 생명을 맡기다니!" 격분한 무사가 칼을 뽑아 들었다.

　이에 선사가 말했다. "지옥의 문이 열렸구나!" 이 말을 듣자, 무사는 크게 뉘우쳐 칼을 꽂고 무릎을 꿇었다.

　다시 선사가 말했다. "극락의 문이 열렸구나!"

　지옥의 문과 극락의 문은 하루에도 몇 번씩 열고 닫힌다. 그래서 사람들은 말한다. 극락이 따로 없으며, 마음 편하면 여기가 극락이라고. 정말 그럴까?

　그것은 착각이다. 잠시 지옥과 극락의 문을 열었을 뿐이지, 진짜 들어간 것은 아니기 때문이다. 진짜 지옥의 고통과 극락의 즐거움은 상상을 초월한다.

사바에서는 마음 편한 것도 한 때이며, 태어나서 늙고 병들어 죽는 것은 아무도 피할 수 없다. 그러므로 인류역사상 가장 마음 편했던 석존께서도 여기는 사바예토이며, 극락정토는 따로 있다고 말씀하신 것이다.

몸과 마음은 아바타幻요, 세상은 허공의 꽃空華과 같은 가상현실이다. 사바는 윤회게임 가상현실이며, 극락은 해탈게임 가상현실이다. 무한 반복되는 생사윤회에서 벗어나고 싶다면 게임방을 옮기는 것이 최선이다.

해탈게임 패스워드는 '아미따바Amitābha'다. '무량광명'을 뜻하는 '아미따바' 대광명은 삼독을 없애주고, 해탈세계로 인도한다. 그곳에 가면, 수명이 한량없고, 즐거움도 끝없으며, 성불이 결정된다. 가기는 쉽지만 가려는 이가 없구나! 가자, 가자, 건너가자. 완전하게 건너가자! 극락정토 건너가서 깨달음을 성취하자!

아
비
타
가
아
미
타
바
염
할
뿐
!

35. 아미타명상 3 : 여래는 일체 세간의 아버지

또한 서로 다투어서 화를 내고 원망하며 미워하고 괴롭히니, 당장 과보 나타나지 않더라도 분한 마음 안고 살면 다음 생에 더욱 크게 앙갚음을 하게 되네.

- 『무량수경』

사바세계는 인과응보의 법칙이 지배한다. 탐욕과 분노를 서로 주거니 받거니 하면서 세세생생 앙갚음을 하는 것이다. 사바에 있는 한, 아무도 이 법칙에서 벗어날 수가 없다. 심지어 깨달음을 얻었다 할지라도, 다만 인과를 감수할 뿐, 인과에서 벗어나지는 못하는 것이다.

사리자여, 여래 또한 이와 같이 일체 세간 아버지가 되느니라. 사바 삼계 썩고 낡은 불타는 집 태어나서, 중생들의 생로병사·

우비고뇌·우치암흑·삼독의 불 벗어나게 교화하여 위가 없는 깨달음을 얻게 한다.

-『법화경』

인과에서 벗어나는 길은 불타는 집인 사바삼계에서 벗어나 해탈세계인 극락정토로 가는 것이다.

관자재보살이 깊은 반야바라밀을 행할 때에 몸과 마음 아바타라 관찰하고 모든 고통 벗어났다.
가자, 가자, 건너가자, 완전하게 건너가자.
극락정토 건너가서 깨달음을 성취하자.

-『반야심경』

🧘 명상실습
고통에서 벗어나 즐거움을 얻는다.

숨을 들이쉬며 '아미' 내쉬며 '따바'를 염한다.

아바타가 아미타바 염할 뿐!

제 딸이 죽어가고 있어요.

⋮

조계종 총무원장을 역임했던 고산스님이 서울 조계사의 주지
로 계실 때 경험했던 일이다. 당시 조계사 신도의 한 사람으로
불사 시주를 많이 하는 오십대의 부인이 있었다. 어느 날 그 부
인이 고산스님께 전화를 하여 울면서 애원하였다.

"스님, 제 딸이 죽어가고 있어요. 제발 빨리 와주세요."

고산스님은 급히 그 집으로 가서 현관 유리문을 통해 집안을
살펴보았다. 딸은 쓰러져 있고 부인은 안절부절못하고 있었다.
그런데 나이 육십쯤 된 남자가 쓰러져 있는 딸의 배 위에 걸터
앉아 두 손으로 딸의 목을 조르고 있는 것이 보였다. 고산스님
은 그 앞에 앉아 기억하고 있던 진언들을 총동원하여 외웠고, 그
렇게 30분가량 지나자 남자의 모습이 보이지 않는 것이었다.

원결이 있음을 확신한 스님이 부인과 딸에게 어떤 남자와 원
수 맺은 일이 없느냐고 물었지만, 그런 일이 없다는 것이었다.
조계사로 돌아와 그 부인의 친구 되는 보살들에게 물으니, 말이

달랐다.

"그 친구는 통이 커서 다른 사람들에게는 잘합니다. 원한을 살일이 없지요. 다만 한 사람, 착하고 부드럽기 짝이 없던 남편에게만은 '병신'이라는 욕도 서슴지 않았습니다. 밖에서 마음 상하는 일이 있으면 집에 돌아가 남편에게 퍼부었죠."

성격이 남자 이상으로 활달했던 그 부인은 장사와 부동산 투기를 통해 많은 돈을 만졌다. 그러나 정반대의 성격이었던 남편은 착하기만 할 뿐 활동적이지 못했다. 무능한 남편이 되어 아내에게 얹혀살자 끊임없이 구박하였고, 결국 남편은 두 딸을 결혼시킨 다음 오십대 후반의 나이로 자살을 하였다.

49재가 끝나자 남편의 복수극은 시작되었고, 그 첫 번째 결행으로 큰딸을 죽이고자 했던 것이다. 자식이라면 사족을 못 쓰는 아내의 가슴에 못을 박기 위해서였다. 고산스님은 부인에게 참회를 권했지만, 아랑곳하지 않았다.

결국 큰딸은 누군가 목을 조르는 느낌 속에서 죽어갔고, 조계사에서 49재를 지냈다. 49재 끝에 스님이 소대에 옷을 태우러 갔더니, 그 남자가 나무 밑에 서서 삿대질을 하며 퍼붓는 통에 등에서 식은땀이 흘러내렸다고 한다. 그리고 얼마 지나지 않아 미국으로 이민 가서 살던 둘째딸도 목이 마르고 조이는 고통을 느끼며 죽고 말았다.

- 『영가천도』

아비타가아미타바염할뿐!

36. 아미타명상 4 : 정정취에 머무르네.

선행하면 좋은 과보 열매 얻고, 죽고 나면 계속해서 태어나는 윤회 믿지 아니하네. 선과 악의 인과법을 믿지 않고 부정하여 복을 받지 못하거늘, 삿된 견해 고집하여 뒷사람도 그렇도록 가르쳐서 잘못 인도 하느니라. 모든 사람 홀로 왔다 홀로 가네. 그 누구도 따라가지 아니하나 선과 악의 과보로서 나타나는 화와 복은 언제든지 따라가니, 나중에야 후회한 들 되돌릴 수 없느니라.

- 『무량수경』

사람들은 대체로 윤회를 믿지 않는다. 전생에 지어 금생에 받고, 금생에 지어 내생에 받는 삼세인과를 믿지 못하기 때문이다. 인과에는 한 치의 오차도 없다. 다만 시차時差가 있을 뿐!

제가 부처가 될 적에, 시방세계의 중생들이 저의 나라에 태어나고자 신심과 환희심을 내어 제 이름(아미타불)을 다만 열 번만 불러도 제 나라에 태어날 수 없다면, 저는 차라리 부처가 되지 않겠나이다.

- 『무량수경』

극락세계 중생들은 정정취에 머무르네.

극락에는 사정취나 부정취가 없으므로 부처님들 한결같이 아미타바 위신력과 그 공덕이 부사의함 찬탄하네.

어떤 중생 아미따바 이름 듣고 신심 내어 환희하고 일념으로 극락세계 태어나기 발원하면 빠짐없이 왕생하여 불퇴전에 머무르나, 오역죄를 범한 자와 정토법을 비방한 자 제외하네.

- 『무량수경』

 명상실습

고통에서 벗어나 즐거움을 얻는다.

숨을 들이쉬며 '아미' 내쉬며 '따바'를 염한다.

아
비
타
가
아
미
타
바
염
할
뿐
!

인과에는 한 치의 오차도 없다.

⋮
⋮

사왓티의 한 젊은이가 부처님의 설법을 듣고 환희심을 내어 비구가 되었다. 그런데 명상수행 중 몸에 부스럼이 생기더니 점점 커져 몸 전체로 번져 나갔다. 이 비구의 병은 더욱 심해져 뼈의 마디마디가 풀려 움직일 수 없게 되었으며, 몸에서 나오는 피고름이 썩는 냄새 때문에 홀로 떨어져 누워있었다.

부처님께서 이를 아시고 몸소 환자의 몸을 물로 닦아내고 가사를 세탁하여 햇볕에 말리시었다. 그리고 목욕을 하여 심신이 깨끗해진 비구에게 설법하셨다.

"비구여, 너의 마음이 몸을 떠나게 되면, 육신은 아무 쓸모가 없어 마치 나무토막처럼 흙바닥에 뒹굴게 되느니라."

머지않아 마음이 떠나고 나면
이 몸은 땅바닥에 버려지리라.
마치 썩은 통나무처럼!

게송 끝에 비구는 아라한과를 성취하였고, 빠리닙바나에
들었다. 그러자 다른 비구들이 부처님께 아라한과를 성취한 그
비구가 어찌 그같이 심한 고통을 겪어야 했는지 물으니, 답하
셨다.

"그것은 그 비구가 저지른 과거 전생의 행위 때문이다."

그 비구는 가섭불 당시 새를 잡아 파는 사람이었다. 그는 한꺼
번에 많은 새를 잡아 조금씩 내다 팔았는데, 보관을 위해서
새의 다리를 꺾고 날갯죽지를 부러뜨려 도망가지 못하게 했다.
그러던 어느 날, 자신이 먹을 음식을 아라한께 공양올리고 합장
하며 이렇게 말했다.

"이 공덕으로 저 또한 장로님이 성취하신 것과 같은 위없는
진리를 성취할 수 있도록 발원합니다."

이에 장로는 그의 발원을 받아들여 주었다.

"비구들이여, 그 공양 공덕으로 금생에 아라한이 된 것이다.
하지만 그의 악행은 질병이 되어 그를 괴롭힌 것이니라."

- 『법구경 이야기』

185

아
바
타
가
아
미
타
바
염
할
뿐
!

37. 아미타명상 5 : 불퇴전에 머무르네.

　　사바세계 인과법의 도리 있어, 선과 악을 행할 때에 즉시 결과 없다 해도, 그 과보는 빠짐없이 받게 되네. 태어날 때 혼자지만 원수끼리 같은 곳에 태어나서 전생의 빚 주고받아 그칠 수가 없게 되네. 부모 은혜 저버리고 원망하며 거역하니, 이런 자식 없는 것만 못하다네.

- 『무량수경』

　　사바세계는 인과법이 지배한다. 인과응보에는 한 치의 오차도 없다. 다만 시차가 있다. 한 생만 놓고 보면 인과를 믿기 힘들다. 못된 놈이 잘살기도 하는가 하면, 착한 사람이 못살기도 하기 때문이다. 하지만 삼세인과로 보면, 모두 그럴만한 연유가 있는 것이다.

　　그 불국토 보배 나무 가득하여 아름답고 찬란하며, 맑은 바람

불어오면 다섯 가지 미묘한 음 퍼지면서 멋진 조화 이루노라.

그 소리를 듣는 이는 무생법인 얻게 되고, 불퇴전에 머무르네.

-『무량수경』

미래의 일체중생이 오음염불을 만나게 되면, 가난과 고통이 다 제거된다.

아플 때 약을 얻고, 목마를 때 물을 얻고, 굶주릴 때 밥을 얻고, 헐벗을 때 옷을 얻는 것과 같다. 어두운 곳에서 밝음을 만나고, 바다를 건널 때 배를 만나고, 가난한 이가 보배 창고를 만난 것과 같아, 반드시 안락을 얻게 되느니라.

-『염불각자열전』

아미타불이 법조대사에게 설하셨다.

"네가 본 무량수경에는 '극락의 칠보수에 맑은 바람이 불어오면 다섯 가지 음악소리가 나온다.'는 구절이 있다. 그 다섯 가지 음악 소리가 바로 오회불성五會佛聲이니라. 그러므로 너희가 오회五會염불법에 따라 아미타불의 명호를 부르게 되면, 그 과보로 모두 나의 국토에 태어나게 되느니라."

187

👤 명상실습

고통에서 벗어나 즐거움을 얻는다.

다 같이 합장하고, 오른발에 '아미' 왼발에 '따바'를 염하면서 걷는다.

소 한 마리가 사람 셋을 죽이다

·
·
·

　한때 왕사성에서 소 한 마리가 사람 셋을 죽이는 일이 일어났다. 어떤 사람이 소에 받쳐 죽자, 겁을 먹은 소 주인이 그 소를 팔아버렸다. 그 소를 산 새로운 주인이 끌고 가다가 소가 또 뒤에서 떠받아 죽었다. 주인의 아들은 화가 나서 소를 잡아 시장에 가서 고기를 팔았다. 어떤 이가 그 소머리를 사서 집으로 돌아가다 나뭇가지에 매달아 놓고 쉬었는데, 갑자기 끈이 끊어져 소뿔이 머리에 박혀 죽었다. 소 한 마리가 하루에 세 사람을 죽인 것이다.

　이 괴이한 사건에 대해서 왕이 부처님께 그 연유를 물으니, 말씀하셨다.

　옛날 장사꾼 세 사람이 이웃 나라에 장사하러 갔다가, 어떤 노파의 집에 머물렀다. 그들은 일이 끝나고 떠날 때 돈을 주기로 하였지만, 노파가 혼자 사는 것을 알고 말도 없이 몰래 도망쳐버렸다. 노파가 이를 알고 그들을 뒤쫓아 숙식비를 달라 하니,

셋이 함께 이미 주었다고 우기는 것이었다. 노파 혼자 세 사람을 당해낼 수가 없자, 노파는 분통을 집어삼키며 저주의 맹세를 하였다.

"내가 지금은 혼자 어떻게 할 수가 없다. 하지만 다음에 태어나는 곳에서 만나 기어코 한 날에 너희를 죽일 것이다."

부처님께서 말씀하셨다.

"그 때의 노파는 바로 오늘의 소다. 오늘 소한테 죽은 세 사람은 그때의 장사치 셋이었던 것이다."

-『법구 비유경』

얼마 전 길거리에서 '잘 빠진 개'를 보게 되었다. 새하얀 털에 큼직한 체구와 쭉 빠진 몸매가 제법 볼 만하여 지나던 행인들이 모두 쳐다보았다. 그런데 더 깊이 들여다보니 전생에 사람이었다. 오로지 자신의 건강과 몸매 가꾸기에 여념이 없던 인간이 죽어, 그야말로 '잘 빠진 개'로 환생한 것이다.

본능에 충실한 삶은 축생 보報를 부른다. 축생이야말로 본능에 충실하기 때문이다. 맛난 것 찾아다니고 재미난 것 보러 다니는 데 열중하고, 짜릿한 쾌락에 빠져들거나, 오로지 자신과 가족만을 위해 사는 것은 모두 본능에 충실한 삶이다. 본능을 절제하고, 복 닦기 · 도 닦기를 해야 비로소 좋은 곳에 태어날 수 있다.

38. 아미타명상 6 : 일생보처 이른다네.

다음 생을 안 믿는 자 짓지 못할 악행 없어, 천신들은 그 죄상을 빠짐없이 기록하네.

음란한 자 온몸으로 쾌락 쫓아 상대방을 가림 없이 음탕한 짓 자행하여 국법조차 무시하니, 이런 자들 목숨 다해 삼악도에 떨어져서 한량없는 괴로움을 겪게 되네.

일순간의 부귀영화 누리는 때 즐겁지만 그 위세는 얼마 안 가 무너지며 내생에는 더 큰 비극 맞이하네.

- 『무량수경』

사바세계에서 모든 것은 한 때다. 잘 나가는 것도 한 때요, 못 나가는 것도 한 때다. 잘 나갈 때 공덕 짓고, 못 나갈 때 공부 짓자.

극락중생 신통력이 자재하며 한결같은 모습으로 생김새가 다름 없어 뛰어나게 훌륭하니, 이 세상의 천신 인간 비교할 수 없느니라.

텅-비어 실체 없고, 투명하며 걸림 없는 몸으로서, 아미따바 위신력에 힘입어서 시방세계 다니면서 부처님께 공양하니, 생각대로 꽃과 향과 공양거리 나타나네.

극락보살 삼악도에 나지 않고 자유자재 신통으로 과거 전생 능히 아네.

모든 보살 일생보처 이르지만, 다만 내가 사바세계 태어나듯 타방세계 태어나서 중생제도 하는 이는 제외하네.

-『무량수경』

극락에 태어나는 몸은 텅 비어 실체 없고, 투명하고 걸림 없는 몸이다. 늙고 병들거나 죽지 않는다.

🧘 명상실습
고통에서 벗어나 즐거움을 얻는다.

다 같이 합장하고 '나무아미타불' 2번씩 주거니 받거니

아바타가 아미타바 염할 뿐!

지옥에 떨어진 부자들

∶
∶
∶

마가다국의 빔비사라왕은 어느 날 기괴한 꿈을 꾸었다. 네 남자가 화탕 지옥에 떨어져 벌겋게 달구어진 무쇠 솥의 밥처럼 삼만 년 동안 삶아지며 바닥까지 내려갔다 다시 삼만 년 동안 위로 떠올라 끓는 물 위로 고개를 내밀었다. 그들은 서로 바라보며 한 구절의 게송을 읊으려다 겨우 처음 한 음절만 내뱉고 다시 끓는 무쇠 솥 속으로 가라앉아 내려갔다.

왕은 이 소리를 듣고 두려움과 공포심에 잠을 이룰 수 없었다. 밤새도록 잠을 설친 왕은 아침이 오자 제사장을 불러 이에 대해 물었다. 제사장은 이 꿈은 왕이 곧 죽을 징조이며, 신에게 다른 생명들의 피를 바쳐야 죽음에서 벗어날 수 있다고 말했다. 하지만 말리까 왕비는 부처님을 만나 뵙도록 하였고, 마침내 부처님께서 꿈 풀이를 해주셨다.

"대왕이여, 두려워하지 마시오. 그것은 대왕께서 죽는다는 징조가 아닙니다. 그 소리는 과거 생에 악행을 저지른 자가 지옥의 고통을 표현하는 소리입니다."

그렇게 말씀하시고, 이야기를 시작하셨다.

그 네 남자는 과거 생에 큰 부자로서 아주 친한 친구들이었다.
어느 날 그들은 삶의 방향을 논의하고자 모였다. 결국 그들은
먹고 마시고 간통을 즐기며 세월을 보냈고, 죽어서 아비지옥에
떨어져 오랜 세월 고초를 겪은 후 다시 화탕 지옥에 떨어졌다.
그곳에서 끓는 물 위로 얼굴을 내밀고 각각 한 구절의 게송을 읊
으려다 다시 화탕 지옥으로 가라앉곤 했던 것이다.

부처님께서는 그 네 남자가 하고 싶은 말을 완성해주셨다.

우리는 재산을 누구에게도 주지 않았고, 참답게 쓰지 못했네.
이미 쇳물 가마 속에서만 육만 년을 보냈다네.
언제 이곳을 벗어날까?
모든 악행의 업보는 끝이 없구나.
이 고통은 언제 끝날까?
다시 인간으로 태어나면
계행을 잘 지키고 가진 것을 널리 베풀리라.

-『법구경』

193

아바타가 아미타바 염할 뿐!

39. 아미타명상 7 : 크고 바르고 광대한 부처님 꽃

원하오니 이 종소리 온 세계에 두루 퍼져
철위산의 깊은 어둠 모두가 다 밝아져서
삼악도의 고통 벗고 도산지옥 무너지며
일체 중생 모두가 다 바른 깨침 이루소서.

지심귀의 하옵니다. 비로자나 교주이신 화장세계 자존께서
보배 게송 읊으시며 낭랑한 법 펼치시니,
티끌마다 섞여 들고 국토마다 걸림 없는
십조 구만 오천 사십 팔자 일승 원교 대방광 - 불화엄경

삼세 모든 부처님을 알려거든 본래 성품 관찰하라.
모든 존재 다만 오직 본 마음의 조작일 뿐!

바라건대 이 내 몸이 다른 생각 일체 없이
다만 오직 아미따바 부처님만 따르리라.
마음마다 항상 토록 옥호광명 이어지고
생각마다 금색모습 떠나가지 아니하리.

제가 이제 염주잡고 온 세계를 관조하니
허공으로 노끈삼아 어디든지 관통하네.
평등하신 노사나불 어디엔들 없겠는가?
관찰하여 서방정토 아미타불 구합니다.
나무서방 대교주 무량수 여래불
나-무-아미-타불!

- 「아침 종송」

🧘 명상실습
고통에서 벗어나 즐거움을 얻는다.

오른발에 '아미' 왼발에 '따바'를 염하면서 걷는다.

아
바
타
가
아
미
타
바
염
할
뿐
!

살아생전 천상에 궁전이 생긴 난디야

．
．
．

　베나레스에 사는 난디야는 스님들에게 규칙적으로 공양을 올리고, 가난한 자와 여행자들을 위한 급식소를 운영하였다. 또한 스님들을 위해 사원을 지으면 복덕이 크다는 부처님 말씀을 듣고, 곧바로 실행에 옮겼다. 사원이 완성되자 낙성식을 열어 부처님과 스님들에게 공양 올리고, 승단에 시주했다. 그러자 삼십삼천에 칠보로 만들어진 거대한 궁전이 생겨나고 천녀들이 집 안에 가득했다.

　어느 날 목련존자가 삼십삼천에 올라갔다가 천녀들이 가득한 새로운 궁전을 보고 그 연유를 물으니, 천신들이 말했다.

　"난디야라는 사람이 이시빠따나에 큰 사원을 지어 부처님께 시주하였는데, 그 복덕으로 천상의 궁전이 생겨났습니다."

　이때 천녀들이 궁전에서 나와 장로에게 말했다.

　"장로님, 우리는 난디야의 시녀들입니다. 주인님을 보거든 여기로 빨리 오라고 말씀 좀 전해주세요. 인간의 몸을 버리고 천상의 몸을 얻는 것은, 토기 그릇을 버리고 황금 그릇을 얻는 것과 같다고 꼭 전해주세요"

목련존자가 천상에서 내려와 부처님께 물었다.

"부처님, 그가 아직 인간 세상에 살아있는데, 그가 행한 공덕의 과보로 천상의 영광을 얻는다는 게 사실입니까?"

"목련이여, 난디야가 얻은 천상의 영광을 그대가 눈으로 똑똑히 보았으면서 왜 그런 질문을 하는가? 오랫동안 집을 비운 사람이 집에 돌아왔을 때, 그의 가족들이 기쁜 마음으로 뛰쳐나와 반갑게 인사한다. 이처럼 이 세상에서 좋은 공덕을 지은 사람이 저 세상으로 가면, 천신들이 열 가지 선물을 들고 달려와 서로 먼저 인사하려고 소리칠 것이다."

이렇게 말씀하시고, 게송을 읊으셨다.

오랫동안 먼 곳을 떠돌다 탈 없이 돌아오면
가족과 친구들이 반갑게 맞이하듯
이 세상에서 선행을 하고 저 세상에 가면
선한 업이 그를 반긴다.

- 『법구경』

아바타가 아미타바 염할 뿐!

[극락세계 십종장엄]

법장비구 서원 세워 인행 닦아 장엄하고 法藏誓願 修因莊嚴

사십팔원 성취하여 원력으로 장엄하네. 四十八願 願力莊嚴

아미따바 명호로서 수명 광명 장엄하고 彌陀名號 壽光莊嚴

세분 스승 관찰하여 보배 상호 장엄하네. 三大士觀 寶像莊嚴

미타국토 한량없는 안락으로 장엄하고 彌陀國土 安樂莊嚴

보배강물 청정하온 팔공덕수 장엄하네. 寶河淸淨 德水莊嚴

보배궁전 뜻과 같은 누각으로 장엄하고 寶殿如意 樓閣莊嚴

낮과 밤은 길고 길어 시분으로 장엄하네. 晝夜長遠 時分莊嚴

스물넷의 즐거움이 극락정토 장엄하고 二十四樂 淨土莊嚴

서른 가지 이익 되는 공덕으로 장엄하네. 三十種益 功德莊嚴

[석가여래 팔상성도]

도솔천서 거동하여 가비라국 태어나서

4대문을 둘러보고 성을 넘어 출가하네.
설산에서 도를 닦아 마구니를 물리치니
녹야원서 초전법륜 사라쌍수 열반 드네.

극락전에 비쳐지는 보름달과 같은 용모
옥빛 털의 금색광명 온 허공에 가득하네.
누구든지 일념으로 그 이름을 부른다면
잠깐 사이 무량공덕 원만하게 이루리라.

- 「아침 종송」

명상실습
고통에서 벗어나 즐거움을 얻는다.

다 같이 합장하고 '나무아미타불' 2번씩 주거니 받거니

아바타가 아미타바 염할 뿐!

황금 연꽃을 가지고 와서 맞이하시다

⋮

대승의 뜻을 잘 이해하고 인과를 깊이 믿는 수행자가 수명이 다하게 되면, 아미타불께서 관세음보살 · 대세지보살 등의 대중과 권속들에게 둘러싸여 자금색 연화대紫金臺를 가지고 와 수행자 앞에서 찬탄하신다.

"진리의 아들이여, 그대가 대승을 행하고 심오한 진리를 이해하였기에, 내 지금 그대를 영접하러 왔노라."

그리고 1천 아바타 부처님과 함께 일시에 손을 내미시는데, 수행자가 스스로 돌아보면 자금색 연화대紫金臺에 앉아있음을 보게 된다. 그는 합장하고 일념 간에 극락세계의 칠보연못 가운데 태어난다. (상품중생)

인과의 도리를 믿고 대승의 가르침을 비방하지 않으며, 오직 도를 구하는 마음을 일으키고, 이러한 공덕을 회향하여 극락세계에 태어나고자 원하는 수행자가 목숨이 다하려 할 때, 아미타불께서 관세음보살·대세지보살을 비롯한 여러 권속들과 함께 황금 연꽃金蓮을 가지고 오백 화신불을 나투어 그를 영접하시느니라. 그때 오백의 화신불은 다 함께 손을 내밀어 칭찬하여 말씀하신다.

"진리의 아들이여, 그대가 청정히 위없는 진리를 구하는 마음을 내었기에 내가 와서 맞이하느니라."

수행자가 이러한 일을 보고 자기 몸을 돌아보면, 이미 황금 연꽃 위에 앉아있느니라. 그리고 부처님을 따라서 바로 칠보 연못에 왕생하느니라.(상품 하생)

매양 악업을 짓는 중생으로서, 그 과보로 응당 지옥· 아귀· 축생 등 삼악도에 떨어져 한량없는 괴로움을 받을 사람이 있느니라. 그러나 목숨이 다하려 할 때 선지식을 만나 "그대는 다만 아미타불을 부르도록 하라."고 설한다.

그래서 이 사람이 지성으로 소리를 끊이지 않고 아미타불을 열 번만 온전히 부른다면, 그는 그 공덕으로 팔십 억겁 동안 생사에 헤매는 무거운 죄업을 없애느니라. 그리고 목숨이 다할 때에 마치 태양과 같은 찬란한 황금 연꽃金蓮이 그 사람 앞에 나타나 순식간에 바로 극락세계의 보배 연못 연꽃 속에 태어나느니라.(하품하생)

- 『관무량수경』

아바타가 아미타바 염할 뿐!

사바삼계 우물가의 두레박과 똑같아서
백천만겁 지나도록 끝이 없이 돌고 도네.
이 몸뚱이 금번 생에 건너가지 못한다면
어느 생을 기다려서 극락정토 건너가리?

온 세계의 모든 티끌 마음으로 헤아리고
큰 바다의 모든 물을 남김없이 마시거나
온 허공을 헤아리고, 바람 잡아 맬지라도
부처님의 무량공덕 모두 설함 불가하네.

지옥도중 수고중생 아귀도중 수고중생
축생도중 수고중생 문차종성 이고득락

원하오니 시방법계 한량없는 모든 중생
아미타불 원력바다 모두 함께 들어가서
미래세가 다하도록 모든 중생 제도하고
나와 남이 모두 함께 무상불도 이뤄지다.

나무서방정토 극락세계 불신장광 상호무변
금색광명 변조법계 사십팔원 도탈중생
불가설 불가설전 항하사 불찰 미진수 도마죽위 무한극수
삼백 육십만 억 일십일만 구천오백 동명 동호
대자대비 아등도사 금색여래 아미타불

- 「아침 종송」

🧘 명상실습
고통에서 벗어나 즐거움을 얻는다.

합장하고, 오른발에 '아미' 왼발에 '따바'를 염하면서
걷는다.

아바타가 아미타바 염할 뿐!

금련金蓮결사

．
．
．

2023년 11월 22일, 필자와 일행 44명은 중국 정토종의 본산인 여산 동림사를 참배하였다. 처음 도착해서 저녁예불하며 경행염불經行을 익혔다. 다음 날 새벽에 법당에서 경행염불하고 불상 앞에 서니, 갑자기 앞이 환해지면서 이런 말이 들려왔다.

"나의 아들! 왔느냐?"
이에 황망한 생각이 들어 얼른 답하였다.
"부끄럽습니다. 정토법을 널리 퍼겠습니다."
그러자 다시 말씀하셨다.
"그래, 그게 네가 할 일이다."
"지켜봐 주시고, 도와주십시오."
"당연하지! 그게 내 일이니까."
그리고 마지막으로 덧붙이셨다.
"금련金蓮결사를 활성화 시켜라."

앗! 이미 알고 계시는구나! 한 달쯤 전인 10월 8일, 행불선원에서 금련결사를 결성하였다. 살아서는 모든 부처님께서 챙겨주시고, 죽어서는 극락정토 금빛 연꽃에 태어나는 모임이다. 아직 고하지도 않았건만, 벌써 다 알고 말씀하시는 것이었다.

두 번째로 2024년 6월 4일 저녁, 동림사 법당에서 경행 염불 시 말씀하셨다.

"퇴굴심退屈心을 내지 마라.
퇴굴심은 여래의 아들에게 어울리지 않는 말이니라.
다만 할 일을 할 뿐!
잘 된다거나 안 된다거나, 소용이 있다거나 없다거나,
그런 생각 하지 마라."

세 번째로 2025년 2월 19일 오후, 동림사 법당에서 경행 염불 시 말씀하셨다.

"이제 그만 와도 된다. 앞으로는 내가 간다."
"세계화되리라. 세계화되리라. 세계화되리라."

42. 아미타명상 10 : 금빛 연꽃 나타나네.

여기에서 서쪽으로 십만 억의 불국토를 지나가서 극락세계 있느니라.

그곳에는 아미타불 계시어서 현재 설법 하시니라.

그 세계를 어찌하여 극락이라 부르는가? 그 나라의 중생들은 고통이란 일체 없고, 다만 모든 즐거움만 받으므로 극락이라 하느니라.

연못에는 수레바퀴 같은 연꽃 피었는데, 푸른 연꽃 푸른 광채 빛이 나고, 금빛 연꽃 금빛 광채 빛이 나며, 붉은 연꽃 붉은 광채 빛이 나고, 하얀 연꽃 하얀 광채 빛나는데, 미묘하고 향기롭고 정결하기 짝이 없다.

이 경전을 듣고 받아 지니거나, 제불 명호 들은 이는 일체 모든 부처님이 보호하고 챙겨주어 최상 가는 깨달음서 물러나지 않게 된다. 그러므로 그대들은 나의 말과 모든 부처 말씀하심 믿고 받아 지녀야만 하느니라.

만약 어떤 사람들이 극락정토 태어나길 '이미 발원' 하였거나 '지금 발원' 한다거나 '장차 발원' 하는 이는 최상 가는 깨달음서 물러나지 않게 되어, 이미 벌써 태어났든, 지금 바로 태어나든 장차 응당 태어나게 될 것이다.

그러므로 신심 있는 모든 이는 저 국토에 태어나길 발원해야 하느니라.

선남자와 선여인이 아미타불 설함 듣고 그 명호를 굳게 지녀 하루 이틀, 사흘 나흘, 닷새 엿새, 이레 동안 일심불란 하게 되면, 그 사람이 임종할 때 아미따바 부처님과 여러 성중 나타나서 아미따바 극락정토 왕생하게 될 것이다.

- 『아미타경』

🧘 명상실습
고통에서 벗어나 즐거움을 얻는다.

다 같이 합장하고 '나무아미타불' 2번씩 주거니 받거니

아바타가 아미타바 염할 뿐!

보아라! 네가 피운 연꽃을

:
:
:

　나(관정법사)는 연못을 한 바퀴 돌고 또 한 바퀴 돌면서 수영을 했다. 연못의 한 가운데 도달했을 때 아름답게 핀 수많은 연꽃을 보았는데, 어떤 사람은 연꽃 위에 단정히 앉아서 염불을 하고 있었지만, 어떤 연꽃은 시들어있거나 부러져 있었으며, 심지어 말라죽은 연꽃도 있었다.

　연못 안의 그 물은 바로 『아미타경』에 나오는 팔공덕수였던 것이다. 연못에 있는 연꽃도 모양이 각각이었다. 시들었거나 활짝 핀 것도 있었기 때문에 나는 이상한 생각이 들어 곧 연못가로 헤엄쳐 나와서 관세음보살님의 가르침을 청했다.

　"왜 이와 같이 되었습니까?"

　"각각의 연꽃이 시들거나 생기를 잃은 것은 이유가 있다. 어떤 사람이 처음 불교에 귀의할 때 매우 경건하고 정성스럽게 염불하며 용맹 정진하는데, 그것은 부처님이 될 씨앗을 심는 것과 같다. 씨가 연못에서 튼튼하게 자라서 꽃이 아름답게 만발하는 것이다. 그러나 한 동안만 부지런히 할 뿐, 마음이 나태해지고 신심이 흔들리기 시작하면 염불을 하지 않을 뿐 아니라 심지어 십악을 저지르게 된다. 이 때문에 그 연화는 서서히 시들게 되

월
호
스
님
의
게
송
명
상

는 것이다.

너는 저 끊어지고 시든 연화를 보아라. 바로 강서성에 살던 OOO의 것인데, 이 사람은 처음에는 불법에 귀의하여 염불하기 시작했으나 나중에 관리가 되어 염불을 하지 않고 육식을 즐기면서 점차 십악을 저지르더니, 결국 나라에서 사형선고를 받았다. 그리하여 연꽃이 부러지게 된 것이다.

또 다른 말라죽은 연꽃은 영태현에 사는 사람의 것으로서, 불법에 귀의하여 3년 동안은 열심히 염불하여 연꽃이 매우 아름답게 피기 시작했는데, 돈을 벌고 싶어 뛰쳐나간 후에 다시는 염불을 하지 않았다. 정당하지 못한 방법으로 닥치는 대로 재산을 축적하였으나 최후에는 오히려 파산하여 빚이 산더미 같이 늘어나 궁지에 몰려 자살하여 죽게 되었다. 십악을 저지르는 자는 왕생할 수 없으므로 연꽃은 시들어 죽게 된 것이다."

- 『극락세계 유람기』

금련결사에 동참하고, 여산 동림사를 참배한 불자님 앞에 크고 찬란한 황금빛 연꽃이 나타나더니, 아미타 부처님께서 말씀하셨다.

"보아라, 네가 피운 연꽃이 더욱 크고 생생하게 피어나고 있느니라."

사바세계 중생들은 젊었거나 늙었거나, 가난하건 부유하건 소유욕에 시름하네.

한 가지를 소유하면 다른 하나 부족하고, 이것 하나 있게 되면 저것 하나 부족하여, 이것저것 다 가지려 애를 쓰며, 어쩌다가 다 가져도 금방 잃고 마느니라.

또한 서로 다투어서 화를 내고 원망하며 미워하고 괴롭히니, 당장 과보 나타나지 않더라도 분한 마음 안고 살면 다음 생에 더욱 크게 앙갚음을 하게 되네.

한량없는 세월 동안 지옥·아귀·축생·인간·천상 세계 윤회하니, 그 고통은 말할 수도 없느니라.

이제라도 법문 듣고 아미따바 부처님을 만났으니, 그 얼마나 다행인가?

통쾌하고 통쾌하지 아니한가? 비록 한 생 수고롭고 힘들어도 잠깐 사이 지나가고, 다음 생에 아미따바 극락정토 태어나면 즐거움이 한량없네.

 '아미따바' 대광명은 가장 높고 뛰어나서 다른 부처 광명으로 미치지를 못하나니, 백 천 만억 불국토를 비추니라.
 중생들이 이런 광명 만난다면, 탐욕 · 성냄 · 어리석음 사라지고,
 몸과 마음 부드럽고 경쾌하여 착한 마음 일어나네.

 아미따바 이름 듣고 기뻐하며 단 한 번만 염하여도 큰 이익을 얻게 되니, 위가 없는 큰 공덕을 갖추노라. 설혹 큰불 삼천 대천 세계 중에 가득해도, 불을 뚫고 지나가서 이 경전을 듣고 믿어 기뻐하며 독송하고 수행해야 하느니라.
 미래세에 이 세상에 불법 또한 사라져도, 중생들을 슬피 여겨
 자비로써 이 경전은 백 년 동안 더 머물게 할 것이니,
 경전 만난 모든 중생 원하는 바 얻으리라.

- 『무량수경』

 명상실습

고통에서 벗어나 즐거움을 얻는다.

오른발에 '아미' 왼발에 '따바'를 염하면서 걷는다.

아바타가 아미타바 염할 뿐!

:
:
:

불성을 지닌 모든 생명은 극락왕생할 수 있으니, 축생 또한 극락에 갈 수 있다.

송나라 원우 (1086-1093)년간, 장사군에 사는 사람이 구관조 한 마리를 길렀다. 우연히 한 스님이 아미타불을 부르는 소리를 듣고는 따라서 칭념하였는데, 온종일 염불이 그치지 않았다. 그래서 그 집에서는 이 구관조를 스님에게 드렸다. 시간이 지나 새가 죽자 묻어주었는데, 갑자기 입에서 연꽃 한 송이가 피어났다.

2003년 2월 대만 소기 기록

죽어가는 새끼 고양이를 보고, 마음속으로 '아미타불, 관세음보살! 고양이 좀 구해주세요.' 라고 불렀다. 고양이 뒤로 중년 남자의 검은 그림자가 나타나 허리를 굽히면서 인사하였다. "감사

해요."

2004년 2월 어느 날, 이후곤 기록

오토바이에 치여 죽은 닭을 위해 염불하고, 극락왕생하면 꼭 알려 달라고 하였다. 그날 밤 꿈에 잘생긴 젊은 청년이 나타나 궁금해하니, 그 청년이 몸을 한번 흔들었는데 등 뒤에 닭털이 보였다.

2006년 정월, 시금련 강술

태어난 지 얼마 안 되어 죽은 송아지를 위해 법문하고 염불해 주면서, 아미타불께서 송아지를 구제해 주시길 기도하였다. 기도 후에 송아지에게 말했다.

"송아지야, 내가 신통력도 없고 천안도 열리지 않아서 네가 이익을 얻었는지 모르겠다. 만약에 이익을 얻었다면 내가 걱정하지 않게 소식을 전해다오."

그날 밤 꿈을 꾸었는데, 예쁜 옷을 입은 사람이 말하였다.

"제가 송아지입니다. 당신께 특별히 고맙다는 말을 전하러 왔습니다. 아미타불께서 저를 극락세계로 데려갔습니다. 그리고 당신이 하신 말씀을 전부 방(榜)에다 새겨놨습니다.

2006년 5월 20일 중국 광주 이강

죽은 닭을 위해 염불하자, 아미타불께서 연꽃을 가지고 데리러 오셨다. 닭이 연꽃 위에 오르자마자 사람의 모습으로 변하더니, 하늘로 올라가서 부처님을 따라갔다.

-『동물왕생 불국기』

서방정토 극락세계 부처님 몸 위대하고 상호 또한 끝이 없어 금색광명 두루 법계 비추시고 사십팔원 중생들을 제도하며 형언하기 불가능한 항하사 수 불국토의 티끌 같은 무한 숫자 삼백 육십 만억 일십 일만 구천오백 같은 이름 같은 명호 대자대비 극락도사 금색여래 아미따바 부처님께 지심귀의 하옵니다.

시방삼세 부처님 중 아미타불 제일이라.
구품연화 중생제도 위덕 또한 다함없네.
제가 지금 귀의하여 세 가지 업 참회하고
모든 복덕 모든 선행 지심 회향 하나이다.

원하오니 염불 행자 극락세계 모두 나서
부처 뵙고 생사 마쳐 중생 제도 하사이다.
이 내 목숨 다할 때에 온갖 장애 사라지고

아미타불 뵙는 즉시 안락국에 왕생하리.

아미타불 본심 미묘진언 '다냐타 옴 아리다라 사바하' (3)

원하오니 이 공덕이 널리 일체 두루 미쳐
저와 중생 모두가 다 극락정토 태어나서
무량광불 만나 뵙고 모두 성불 하여지다.

- 「아침 종송」

🧘 **명상실습**

고통에서 벗어나 즐거움을 얻는다.

다 같이 합장하고 '나무아미타불' 2번씩 주거니 받거니

극락가이드는 최고의 보살행

극락에 가면 수명이 한량없고, 즐거움이 한없으며, 모두 다 성불한다. 한 마디로 예비부처가 되는 것이다. 결국 극락가이드는 중생을 예비부처로 만드는 것이니, 이보다 더한 보살행은 없다.

A 스님은 강원을 졸업하고 선방에 다니다, 본사 포교국장으로 포교에 힘써왔다. 그러던 중 2024년 1월, 당뇨병이 악화되어 며칠간 앓다 갑자기 사망하였다. 이에 큰절에서 사십구재를 지내고 반연이 있는 절에서 천도재도 지냈지만, 여전히 방황하고 있었다. 필자와도 인연이 있던 터라, 작년 초 행불선원에서 세 번에 걸쳐 천도재를 올려주니, 회향하는 날 문득 이런 메시지가 전해졌다.

"A 는 하품하생으로 갔느니라."

B 스님도 필자와 깊은 반연이 있는 큰스님이셨다. 2021년 3월

에 입적하셨는데, 재작년 백중기도 입재 직전, 필자의 꿈에 나타
났다. 하지만 '큰스님이 설마?' 하고 무시했다. 그런데, 작년
백중기도 입재 직전 다시 나타났다. 결국 설판기도 올리고, 일곱
차례에 걸쳐 독경과 염불을 정성껏 진행하였다. 마지막 회향 날,
'오늘이 회향인데, 큰스님은 어디로 가실까?' 하니, 이런 말씀이
들렸다.

"중품중생!"

C 스님은 참선수행과 전법을 열심히 하던 분이었다. 직접 만난
적은 없었지만, 그 스님이 번역한 도겐 선사의 「좌선의」를 보고
감탄한 적이 있었다. 2022년 6월에 입적했는데, 금년 초 반연이
있는 신도가 행불선원 수행에 참가하던 중 꿈에 나타났다. 이에
세 번에 걸쳐 천도재를 올리니 회향 시 이런 말이 들려왔다.

"하품상생!"

필자 주변의 스님들도 이렇게 어렵사리 극락왕생하는데, 다른
중생들은 과연 어떨까? 자신이 언제 죽을지 모른다면, 지금부터
사후대비 하는 것이 지혜롭다.

젊어서는 노후대비, 늙어서는 사후대비
언제 갈지 모른다면 지금부터 준비하세.

5장

극락보살 모두가 다 일생보처 보살되나, 서원 세워 스스로를
장엄하고 일체중생 제도하려 발원하는 보살들은 제외하네.
그 가운데 두 보살이 존귀하니,
그 광명은 삼천 대천 세계 모두 비추니라.
관세음-보살과 대세지-보살은
사바에서 보살행을 닦던 몸을 바꾸어서 극락세계 태어났네.

- 『무량수경』

관음보살 대자비의 거룩한 스승
아미타불 왼쪽이나 오른쪽에서
아미타불 도우시며 여환(如幻)삼매로
온갖 국토 부처님을 공양 하시네.

서방에는 극락이란 정토 있나니

그곳에는 중생들의 인도자이신
아미타바 부처님이 설법하시고
모든 중생 구원하며 살고 계시네.

-『법화경』

시방 여래 중생 생각 어미 자식 생각하듯 하지만은
만일 자식 도망가면 생각한들 무엇 하리?
자식 어미 생각하기 어미 자식 생각하듯 하게 되면
여러 생을 지내도록 어긋나지 아니하리.
저는 다만 인지에서 염불하는 마음으로 무생법인 들어갔고
지금 또한 세상에서 염불하는 사람들을 섭수하여 극락정토 보냅
니다.

-『능엄경』

🧘 명상실습
고통에서 벗어나 즐거움을 얻는다.

아바타가 '아미따바' 염할 뿐!
오른발에 '아미' 왼발에 '따바'를 염하면서 걷는다.

소원을 말해 보거라

⋮

지리산 쌍계사 강원에 입방하여 공부하던 중, 어느 날 새벽에 목뒤를 무언가로 콱 찌르는 느낌이 들었다. 그 뒤로 마치 목에 커다란 혹이 달려있는 듯 거동이 불편해져 병원에서 검사를 했지만 아무 이상이 없었다.

마침 공석이던 쌍계사 대웅전 부전을 자원하여 하루 한 끼 죽만 먹으며 사분 정근 관음기도를 하였다. 그렇게 몇 주가 지난 어느 날, 사시기도 중에 문득 이 병의 원인이 과거 살생의 연緣이라는 것을 깨닫게 되었다. 먼저 부처님께 지극히 참회하고, 살생의 연緣에게도 진심 어린 참회를 했다.

"정말 미안하다. 내가 죽을죄를 지었구나. 잘못했다. 진심으로 참회한다."

그리고 잠시 후 덧붙여 말했다.

"그렇기는 하지만, 이렇게 해서 내가 쓰러지면 너 또한 업을 짓는 것이 되지 않겠니? 이쯤에서 물러나면 너를 위해 기도하고 재도 올려주마."

말을 마치자마자 목에서 커다란 혹이 '툭' 떨어져 나가듯 개운해졌고, 몸도 쾌차하게 되었다.

십여 년 전, 중국의 관음성지인 보타 낙가산 성지순례를 하였다. 먼저 보타산 순례를 마친 다음 날 새벽, 비몽사몽간에 얼굴이 하얗고 눈썹이 새까만 분이 나타나셨다. 척 보니 관세음보살님이었는데, 그분께서 말씀하셨다.

"소원을 말해 보거라!"

"일체 중생을 제도하여 지이다."

그러자 필자의 얼굴을 물끄러미 바라보더니 다시 말씀하셨다.

"그게 진짜 네 소원이 맞느냐?"

왠지 속마음이 들킨듯하여 다시 말했다.

"공부에 진전이 있어 지이다."

당시에는 보타산에서 가장 유명한 불긍거 관음원만 참배하여 몰랐는데, 나중에 알고 보니 그 뒤에 있는 원통보전의 관음상과 같은 모습이었다. 이 관음상은 송나라 당시 전란으로 숨겨져 한동안 찾을 수 없었는데, 고려의 대각국사 의천 스님이 우물 속에서 찾아냈다고 한다. 그 후 고려에서 시주하여 전각을 짓고 다시 모신 것이다.

나는 일체 제불 경계 염念해 보는 법문 획득 했느니라.
지혜의 빛 널리 비춘 부처님을 염함이니
불국토의 모든 궁전 청정장엄 항상 보는 연고니라.
일체 중생 염불토록 가르쳐서 마음으로 기뻐하며
부처 뵙고 청정함을 얻게 하는 연고니라.

- 『화엄경』

내가 현재 닦고 있는 염불문이 이 시대에 가장 합당 하느니라.
여러 수행 있지만은 염불보다 나은 것은 없느니라.
삼보 전에 항상 공양 올리면서 복과 지혜 함께 닦음 요긴하며
지름길이 되느니라.

- 『염불각자열전』

원하오니 이 목숨이 다할 때에
모든 업장 모든 장애 사라져서
서방정토 아미타불 친견하고
즉석에서 안락국토 왕생함을 얻어지다.

제가 세운 열 가지의 수승한 행원
그지없이 뛰어난 복 회향하오니
고해바다 빠져있는 모든 중생들
무량광불 극락정토 어서 가소서.

- 『화엄경』

⚇ 명상실습

고통에서 벗어나 즐거움을 얻는다.

아바타가 '나무아미타불' 염할 뿐!
다 같이 합장하고 '나무아미타불' 2번씩 주거니 받거니

아미타 부처님과 4대 보살을 친견하다

필자는 지리산 쌍계사로 출가하여 행자 생활과 강원공부를 마치고, 산내 암자인 국사암 감원으로 올라가게 되었다. 마침 백중날이 얼마 남지 않은지라, 칠석부터 백중까지 9일간 정성껏 기도를 봉행하였다.

백중날 기도를 마치고 밖으로 나가 영가 위패를 태우며 봉송 의식을 진행하던 중, 소대 뒤편 지리산 허공에 1불 4대 보살님이 커다랗게 출현하셨다. 가운데에 아미타 부처님이 서 계시고, 좌우와 상하에 관음·세지·문수·보현 보살님이 서 계셨다. 이것이 꿈인가, 생시인가? 눈을 씻고 다시 쳐다봐도 확실했다. 주위에 사람들이 이십 명 가량 있었지만 아무 말 없기에, 필자 또한 아무 말도 하지 않았다. '아무도 보지 못했나? 나만 보았나?'

그런데 점심 공양 직후, 부산에서 온 한 신도분이 방문을 두드리며 필자와 똑같은 현상을 목격했다고 하였다. 참으로 신비로운 체험이었다. 하지만 참선 전공으로 동국대에서 석·박사 학위까지 받은 필자는 이를 심상히 여겼다. 참선은 『금강경』 제상諸相 비상非相의 가르침을 금과옥조로 삼기 때문이다.

"상相이 있는 것은 모두 허망하다. 몸으로써 나를 보거나, 음성으로 나를 구하는 자는 잘못된 길 가는지라. 여래 볼 수 없으리라."

하지만 여기에도 머물러서는 안 된다. 머무는 바 없이 그 마음을 내어야 하는 것이다. 『능엄경』에서는 이와 같이 설한다.

"문득 비로자나 부처님이 하늘의 밝은 자리臺에 앉으시고 일천 부처님이 에워싸며, 백억의 국토와 연꽃이 일시에 출현하는 것을 보게 된다.

이는 잠시 그와 같을 뿐 성인이 된 것은 아니니, 성인이 되었다는 마음을 내지 않으면 '좋은 경계'요, 성인이 되었다는 견해를 지으면 마구니의 유혹을 받게 될 것이다."

수행 도중 부처님 형상이나 음성을 보고 듣더라도, 자신이 부처가 되었다는 견해를 짓지 않으면 '좋은 경계'다. 『원각경』에서는 '모든 보살이 청정한 원각을 깨치고 갖가지 아바타諸幻로 나타나 아바타 중생幻衆을 깨우쳐준다.'고 설한다. 아바타로 아바타를 닦는 이환以幻수환修幻이요, 상相으로써 상을 다스리는 이상以相치상治相의 경지인 것이다.

사바세계 여러 가지 악이 있는 곳이므로 대부분이 퇴보하나, 극락정토 극히 선한 땅이므로 다만 오직 나아갈 뿐, 물러나는 일은 없네.

- 『유심안락도』

모든 것에 걸림 없는 사람만이 오직 한 길 생사에서 벗어나네. 무애박을 가지고서 노래하고 춤을 추며 교화하니 만 백성이 부처님의 이름 알고, 아미타불 불렀노라.

- 『삼국유사』

원하건대 이 제자는
세세생생 관세음을 일컬어서 본래 스승 삼겠으며
관음보살 아미타불 정대하듯 저도 또한 관음대성 정대하고

열 가지 원, 여섯 회향, 천수 천안, 대자대비 모두 함께 동등하며
몸 버리고 몸을 받는 이 세계나 다른 국토 머무는 곳 따라가리.
- 「백화도량발원문」

좋은 방편 빨리 얻어 반야선에 속히 올라 고해바다 건너가고
계정혜를 속히 얻어 원적산에 올라가서 무위의 집 들어가며
일체 법문 속히 알아 지혜 안목 일찍 얻어 일체중생 제도하여
법성의 몸 얻어지다.

도산지옥 제가 가면 칼의 산이 부러지고,
화탕지옥 제가 가면 화탕 절로 고갈되며,
다른 지옥 제가 가면 지옥 절로 소멸하고,
아귀세계 제가 가면 아귀 절로 배부르며,
아수라에 제가 가면 악한 마음 조복 받고,
축생세계 제가 가면 축생 절로 지혜 얻네.
- 『천수경』

명상실습

고통에서 벗어나 즐거움을 얻는다.
아바타가 '아미따바' 염할 뿐!
오른발에 '아미' 왼발에 '따바'를 염하면서 걷는다.

도로 아미타불

．
．
．

신라의 원효대사는 해골 물을 마시고 일체유심조의 도리를 깨친 후, 대중 속에 들어가 무애박을 두드리며 염불을 전파했다. 의상조사는 화엄의 도리를 깨친 후, 부석사 무량수전에 아미타불을 모시고 염불 수행을 닦고 전했다.

고려의 나옹선사는 원나라에 건너가 지공 화상과 평산 처림 선사의 법을 받고 귀국한 후, 남녀 승속 누구든지 '노는 입에 아미타불'을 적극 권했다. 『금강경 오가해』의 저자 함허득통 선사 또한 참선과 정토를 함께 닦기를 권하면서 아미타불과 극락, 그리고 『아미타경』을 찬탄하는 게송을 지었다.

조선시대 서산대사로 알려진 청허휴정 선사는 '나무아미타불' 여섯 자 법문이야말로 윤회를 벗어나는 지름길이라고 강조하면서, 유심정토와 자성미타를 주장하는 이들에게 따끔한 경책을 내리고 있다.

비록 중생이 본래 부처라고 하지만, 지혜와 방편은 천지 차이다. 중생의 밝음이 반딧불이라면, 석가모니불은 달빛이요, 아미타불은 햇빛이다. 어찌 저절로 이루어진 석가모니불과 아미타불이 있겠는가?

이렇게 우리나라에서 남녀 승속 모두에게 면면히 전수되어온 염불, 즉 아미타 명상이야말로 진정한 K-명상이다. '무량광無量光'인 아미타바Amitābha의 광명이 닿으면, 삼독이 저절로 줄어들어 몸과 마음이 부드럽고 상냥해진다. 기쁨이 가슴에 넘치며, 진리를 구하는 마음이 생겨난다. 죽으면 극락에 태어나 수명이 무량하다. 한 마디로 금생은 극락처럼 살고, 내생은 진짜 극락이다.

천당(천국)과 극락은 아예 차원이 다르다. 천당은 사바의 2진법으로 설정된 윤회게임 가상현실이기에, 삼선도와 삼악도를 오르락내리락 해야 한다. 극락은 진공묘유의 0초진법으로 설정된 해탈게임 가상현실이기에, 삼악도가 아예 없으며 퇴보가 없다. 가기만 하면 누구나 불퇴전 보살이 되어 마침내 성불한다.

이를 믿고, 가기를 원하고, 일심불란하게 '아미타바'를 열 번만 염하면 누구나 갈 수 있다. 문턱은 턱없이 낮고, 혜택은 한없이 많다. 가기는 쉽건만 가려는 이가 없구나. 아미타바!

아바타가 아미타바 염할 뿐!

청산은 나를 보고 말없이 살라 하고
창공은 나를 보고 티 없이 살라 하네.
애착도 벗어놓고 성냄도 벗어놓고
물같이 바람같이 살다가 가라하네.

- 『나옹록』

아미타불 염불 법은 온갖 일에 걸림 없어
남녀승속 막론하고 유식무식 귀천 간에 하던 일을 놓지 말고
농부거든 농사하며 노는 입에 아미타불!
직녀거든 길쌈하며 노는 입에 아미타불!
지금에도 이리 하고 행주좌와 이어 하면 극락왕생 어려울까?
길게 하면 육자염불! 짧게 하면 넉자염불!
행주좌와 어묵 간에 고성이나 속으로나
대소 간에 육자 넉자 부지런히 염불하세.

- 「승원가」

나무아미타불! 여섯 글자 윤회에서 벗어나는 첩경이네.
마음으로 부처님을 생각하여 잊지 말고,
입으로는 부처님의 명호 불러 산란하지 말지니라.
이와 같이 마음과 입 합치해야 제대로 된 염불이라.

이치대로 말한다면 자성미타 옳지만은
현상으로 극락세계 확실하게 존재하며,
아미타불 사십팔원 분명하게 있느니라.
그 이름을 일심불란 부른다면 윤회에서 벗어나니
마명·용수 대보살도 극락왕생 간절하게 권했노라.

- 『선가귀감』

🧘 명상실습
고통에서 벗어나 즐거움을 얻는다.

아바타가 '나무아미타불' 염할 뿐!
합장하고 '나무아미타불' 2번씩 주거니 받거니

237

．
．
．
．

육조 스님은 "바깥세상의 부처님만 생각하면 생사를 면하지 못한다. 자기의 본심을 지켜야 피안에 이른다. 부처는 자기 성품 속에서 이룰 것이지, 밖에서 구하지 말라"고 하였다. 이것은 본심을 바로 가리킨 것이고, 다른 방편은 없었다.

이치대로 말한다면 참으로 그렇지만, 현상으로는 극락세계가 확실히 있고, 아미타불의 사십팔원도 분명히 있다. 그러므로 '누구나 열 번만 염불하는 이는 그 원력으로 연꽃에 가서 나며, 곧바로 윤회에서 벗어난다.'고 삼세의 부처님께서 말씀하시고, 시방세계의 보살들도 모두 그곳에 태어나기를 원한 것이다. 또한 옛날이나 지금이나 극락세계에 왕생한 이들의 행적이 분명히 전해져오고 있다. 공부하는 이들은 착각하지 말고, 힘쓰고 힘쓸지어다.

또 어떤 사람은 "자기 마음이 정토인데, 새삼 정토에 가서 날 것이 무엇인가? 자기 성품이 부처이니, 따로 부처를 보려고 애

쓸 필요가 없다"고 말한다.

　이 말이 옳은 것 같지만, 사실은 그렇지 않다. 저 부처님은 탐하거나 성내는 일이 없는데, 나도 탐하거나 성내지 않는가? 저 부처님은 지옥을 연화세계로 바꾸기를 손바닥 뒤집듯 하는데, 나도 지옥을 연화세계로 바꿀 수 있는가? 저 부처님은 한량없는 세계를 눈앞에 놓인 듯 보시는데, 우리는 담장 밖의 일도 모르면서 어떻게 시방세계를 볼 수 있단 말인가?

　사람마다 성품은 본래 부처지만 실제 행동은 중생이다. 이치와 현실은 하늘과 땅 차이만큼 아득하다. 어찌 타고난 석가여래와 자연히 생긴 아미타불이 있겠는가? 마명이나 용수보살이 모두 조사이지만 분명히 왕생의 길을 간절히 권했다. 그대는 어떤 사람이기에 감히 왕생을 부정하는가?

- 『선가귀감』

　방편이 없는 지혜는 속박이요, 방편이 있는 지혜가 해탈이다. 중생제도의 방편으로 장엄된 극락정토를 무시하면 공(空)에 떨어지고, 실체가 있다고 집착하면 상(相)에 떨어진다. 잘 활용해야 한다. 또한 '본래 부처'를 '지금 부처'로 착각해서는 안 된다. 중생은 다만 불성이 있을 뿐이지, 진짜 부처가 된 것은 아니다.

　살아생전 '그대가 부처다. 밖에서 찾지 말라'는 법을 설하던 어떤 스님도 최근 필자의 정토법문을 듣고 감동해 말했다.

　"고맙소! 정말 고맙소!"

월호스님 에세이

©2025 월호

초판 1쇄 인쇄 2025년 09월 03일
초판 1쇄 발행 2025년 09월 10일

지은이 월호

펴낸이 김윤희
기획 김윤희
사진 김윤희
디자인 배종윤

펴낸곳 맑은소리맑은나라
주소 부산광역시 수영구 좌수영로 125번길 14-3 올리브센터
전화 051-255-0263 **팩스** 051-255-0953
이메일 puremind-ms@hanmail.net
출판등록 2000년 7월 10일 제 02-01-295 호

ISBN 979-11-93385-23-4 03220 **값 18,000원**